Peddigrohr
Ideen zum Selbermachen

Jeanette Eckert-Ulrich

Peddigrohr
Ideen zum Selbermachen

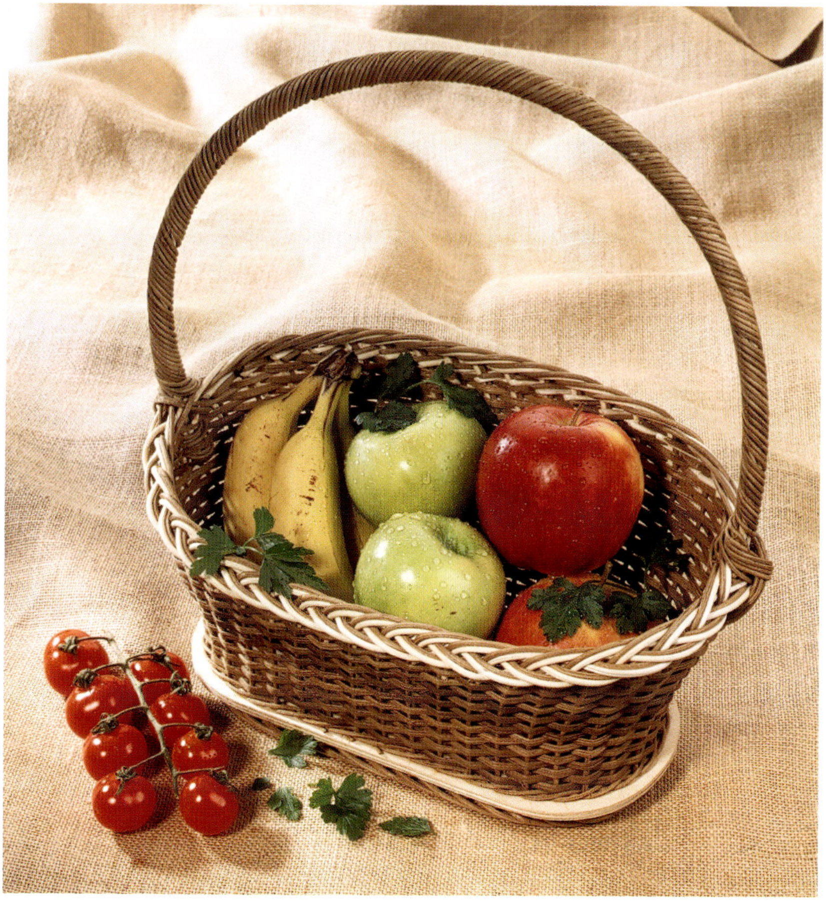

Die Deutsche Bibliothek – CIP-Einheitsaufnahme
Peddigrohr: Ideen zum Selbermachen / Jeanette Eckert-Ulrich. – Wiesbaden: Englisch, 2001
ISBN 3-8241-1056-3

© by Englisch Verlag GmbH, Wiesbaden 2001
ISBN 3-8241-1056-3
Alle Rechte vorbehalten. Nachdruck, auch auszugsweise, verboten.
Fotos: Frank Schuppelius
Herstellung: Michael Feuerer
Printed in Spain

Das Werk und seine Vorlagen sind urheberrechtlich geschützt, jede Verwertung oder gewerbliche Nutzung der Vorlagen und Abbildungen ist verboten und nur mit ausdrücklicher Genehmigung des Verlages gestattet. Dies gilt insbesondere für die Nutzung, Vervielfältigung und Speicherung in elektronischen Systemen und auf CDs. Es ist deshalb nicht erlaubt, Abbildungen und Bildvorlagen dieses Buches zu scannen, in elektronischen Systemen oder auf CDs zu speichern oder innerhalb dieser zu manipulieren.

Die Ratschläge in diesem Buch sind von der Autorin und dem Verlag sorgfältig erwogen und geprüft, dennoch kann eine Garantie nicht übernommen werden. Eine Haftung der Autorin bzw. des Verlages und seiner Beauftragten für Personen-, Sach- und Vermögensschäden ist ausgeschlossen.

Inhaltsverzeichnis

Vorwort 7

Einleitung 8
   Herkunft des Peddigrohrs . . . 8
   Peddigrohrkauf 8
   Qualitäten und Stärken 8
   Alternative Flechtmaterialien 10
   Aufbewahrung 10
   Werkzeuge 10
   Arbeitsplatz 11
   Holzböden 12
   Allgemeine Arbeitshinweise . 13

**Grundlagen des
Peddigrohrflechtens** 14
   Arbeiten mit Holzböden . . . 14
   Aufbau 17
   Geflechtarten 17
   Arbeiten mit geflochtenem
   Boden 21
   Griffe und Henkel 26
   Rand 30

Flechtarbeiten 36
   Ovaler Einkaufskorb 36
   Korb mit außen liegenden
   Randstaken 38
   Präsentkorb 40
   Längliche Schale
   aus Binsen 42
   Henkelkörbchen 44
   Madeirakorb 46
   Vase 48
   Tasche 50
   Dekorationskugel 52
   Lampe 54
   Papierkorb 56
   Stuhl 58
   Puppenwagen 61

Vorwort

Ines Hesse
☎ 030-9290749 / 0163-5623070
Warnitzer Straße 29, 13057 Berlin

Mein Ziel ist es, mit diesem Buch sowohl dem Einsteiger als auch dem im Umgang mit Peddigrohr Vertrauten einen Leitfaden für diese schöne Technik an die Hand zu geben. Ich habe viele neue Anregungen, die mir auf meinen Kursen zugetragen worden sind, aufgegriffen und auch etwas ausgefallenere Arbeiten umgesetzt. Da es immer besonders viele Nachfragen zur Stuhlbeflechtung gibt, habe ich dieses Thema hier berücksichtigt. Dieses Buch besitzt einen ausführlichen Grundlagenteil und viele Zeichnungen, die Schritt für Schritt zum gewünschten Gegenstand führen. Daher wird das Nacharbeiten auch Ungeübten leicht fallen.

Betrachten Sie die folgenden Arbeiten als Vorschlag für Ihr eigenes kreatives Wirken. Ich wünsche Ihnen beim Flechten so viel Spaß, wie ich bei den Vorbereitungen zu diesem Buch hatte.

Ihre Jeanette Eckert-Ulrich

Einleitung

Herkunft des Peddigrohrs

Das Peddigrohr, das Sie im Geschäft kaufen können, ist ein bereits bearbeitetes Naturprodukt. Es wird aus einer Kletterpalmenart (Calmus Rotang) gewonnen, die hauptsächlich in den Tropenwäldern Indiens, Indochinas, Westafrikas und auf dem Malaiischen Archipel vorkommt.

Die Stängel der Pflanze schlängeln sich mit bis zu 150 m Länge um Bäume, sind mit Dornen besetzt und erreichen einen Durchmesser von 4–6 cm. Bei der Ernte werden sie in ca. 7 m lange Stücke geteilt, von Dornen befreit und in dicken Bündeln exportiert. Die Weiterverarbeitung erfolgt meist in Europa.

Mittels besonderer Maschinen werden dann die verschiedenen Endprodukte gewonnen: Aus der äußeren Hülle werden halbrunde, an der Oberfläche glänzende Peddigschienen hergestellt, die zusätzlich imprägniert auch als Stuhlrohr zum Einsatz kommen. Sie sind äußerst stabil und haltbar. Der innere Teil (Mark) wird in rundes und ovales Peddigrohr gespalten und als Flecht- und Stakenmaterial verwendet.

Peddigrohrkauf

Peddigrohr ist heute ohne Probleme in den meisten größeren Bastelgeschäften, meist in 125-g-, 250-g- oder 500-g-Bündeln, erhältlich.

Hier bekommen Sie naturhelles Rohr in der so genannten Rotbandqualität (Standard).

Bei höherem Bedarf oder darüber hinausgehenden Ansprüchen bestellen Sie besser direkt beim Importeur oder speziellen Versendern.

Qualitäten und Stärken

◆ Rotband: Standardqualität, Schnitt, Farbe und Haltbarkeit gut
◆ Blauband: höchste Qualität, Schnitt glatt und sauber, Farbe gleichmäßig, Haltbarkeit sehr gut

Flechtrohr

Das Fadenrohr (Flechtrohr) wird in Naturhell (Rot- und Blauband), Gebleicht und Antik-Geräuchert angeboten. Gebleichtes Rohr ist meist etwas preiswerter, aber es hat eine geringere Stabilität und eignet sich deshalb nur für Zierarbeiten, nie für ganze Geflechte. Sehr schön sieht das geräucherte Rohr aus, gerade im Zusammenspiel mit naturhellem Rohr. Ich habe aber die Erfahrung gemacht, dass es in der Verarbeitung etwas spröder ist.

Der Durchmesser des Rohrs wird in mm angegeben. Folgende Stärken sind erhältlich: 1 mm, 1,2 mm, 1,4 mm usw. bis 3 mm. Man verwendet zum Flechten hauptsächlich 1,6–2,2 mm.

Staken

Die Peddigstaken gibt es in Naturhell (Rot- und Blauband) und Antik-Geräuchert in den Stärken 3 mm, 3,25 mm, 3,5 mm, 3,75 mm bis 4,5 mm. Größere Durchmesser, z. B. 5–20 mm, werden als Stangenpeddig bezeichnet und kommen als Innenleben für Henkel oder Verstärkungen zum Einsatz.

Für die Staken benutzt man Rohr mit 3 mm oder 3,5 mm Stärke. Arbeiten Sie mit Kindern oder im Therapiebereich, können Sie für kleinere Arbeiten auch Flechtrohr (ca.

2–2,5 mm) für Staken verwenden, da Stärken über 3,5 mm bereits sehr kraftintensiv in der Verarbeitung sind.

Tipp:

Möchten Sie eine größere Farbpalette erzielen, können Sie das Peddigrohr auch selbst färben.

◆ Weichen Sie das Rohr in heißem Wasser 15 Minuten ein.
◆ Bereiten Sie wasserlösliche Stofffarbe nach Anleitung vor, und kochen Sie das Rohr 15–20 Minuten.
◆ Spülen Sie es 30 Minuten in kaltem Wasser nach.
◆ Lassen Sie es trocknen.

Anzumerken ist aber noch, dass zu „buntes" Rohr die Schönheit dieses Naturmaterials negativ beeinflussen kann.

Alternative Flechtmaterialien

Stuhlflechtrohr
Dieses aus der Oberschicht der Rotangpalme gewonnene flache und glänzende Flechtrohr wird zum Ausflechten von Stuhllehnen und Sitzflächen sowie für bestimmte Ziergeflechte verwendet. Es wird in Breiten von 1–3 mm angeboten. Im Handel üblich sind Bündel mit 125, 250 und 500 Gramm.

Binsen
Flechtbinsen verwendet man für Stuhlsitze und andere mattenähnliche Geflechte. Sie sind relativ weich und von grünlicher bis gelber Farbe. Der Binsenhalm ist am unteren Ende stärker als oben und ca. 1,5 m lang. Der Verkauf erfolgt in Kilobündeln.

Seegrasschnur (Ehla)
Ehla ist eine gedrehte Grasschnur, die sich für Sitze, Lampen, Taschen und Ähnliches eignet. Sie ist flexibel und muss daher nicht eingeweicht werden. Der übliche Durchmesser beträgt ca. 3–4 mm.

Aufbewahrung

Es ist recht unkompliziert, das Rohr zu lagern. Der Platz sollte in jedem Fall trocken sein. Im Prinzip können Sie das Peddigrohr in den handelsüblichen Bündeln lagern. Besser ist es jedoch, die Bündel zu öffnen und entweder aufzuhängen oder in langen Röhren waagerecht zu lagern.

Tipp: Bewährt hat sich ein Gestell aus Regen- oder Abwasserrohren, die waagerecht an der Wand montiert werden. Sie bieten eine optimale Lagerung. Das Rohr ist vor Staub geschützt, lang gelegt und kann nach Stärken sortiert werden (Abb. 1).

Werkzeuge

Die Werkzeugausstattung ist nicht aufwändig und häufig bereits im Haushalt vorhanden (Abb. 2).

Werkzeuge zum Flechten:
1. Ahle oder Pfriemen zum Vorstechen an Engstellen (ersatzweise können Sie eine starke Stricknadel oder einen dicken rostfreien Nagel mit Griffverstärkung benutzen)

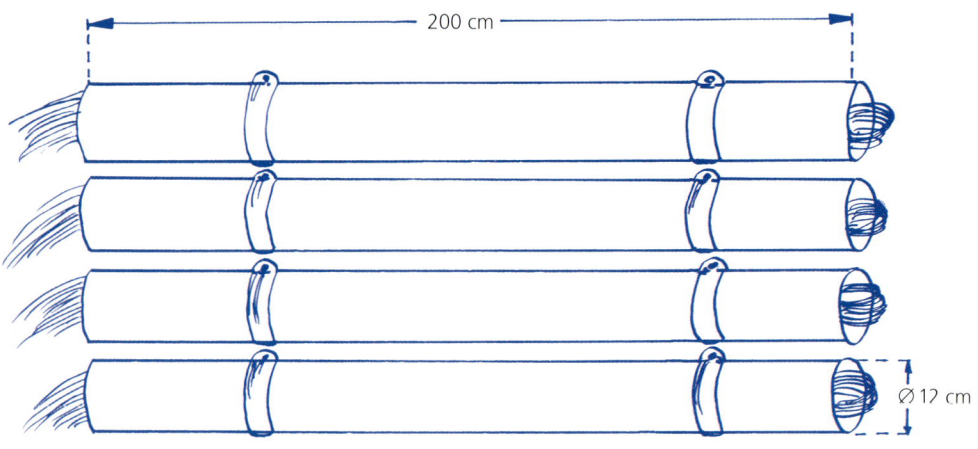

Abb. 1

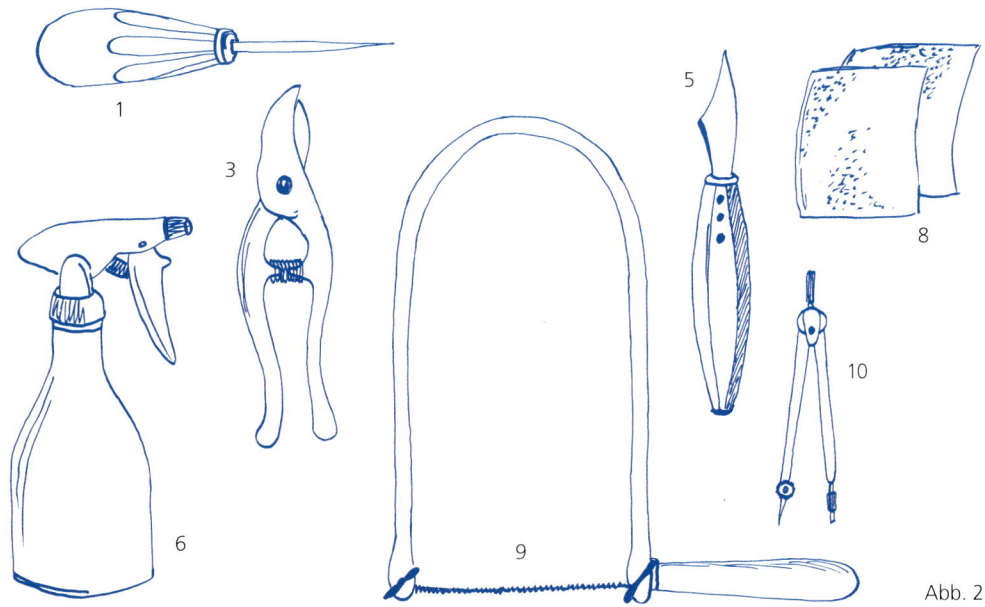

Abb. 2

2. Gewicht (ohne Abb.) zum Beschweren der Flechtarbeit, beispielsweise Pflasterstein, Hantelscheibe oder Ähnliches
3. Korbmacher- oder Gartenschere, eventuell auch einen Seitenschneider
4. Wassergefäß (ohne Abb.) zum Einweichen des Rohrs, beispielsweise einen alten Waschzuber, einen Wassereimer oder eine Kinderwanne
5. Korbmachermesser zum Ansetzen und Verputzen des Flechtmaterials, ersatzweise ein scharfes Küchen- oder Hobbymesser
6. Pflanzensprüher zum Zwischenbefeuchten des Werkstücks

Werkzeuge für die Holzböden:
7. Akku-Bohrer oder Handbohrmaschine (ohne Abb.) zum Bohren der Holzböden
8. feines Schleifpapier zum Schleifen der Holzböden
9. Laubsäge mit Stützbrettchen zum Aussägen der Sperrholzböden, falls die Böden nicht vorgefertigt gekauft werden
10. Zirkel

Werkzeuge zum Absengen:
11. Bunsenbrenner, Gaslötkolben oder Spirituslampe (ohne Abb.) zum Abbrennen der abstehenden Fasern an der fertigen Arbeit (im noch feuchten Zustand)

Werkzeuge zum Versiegeln:
12. farbloser Hydro-Möbellack (ohne Abb.) zum Versiegeln der fertigen Arbeiten; der von mir verwendete Lack ist lebensmittelecht und umweltfreundlich, alternativ kann auch farbloser Matt- oder Klarlack verwendet werden. Den Lack trägt man mit einem Pinsel auf.

Arbeitsplatz

Für das Flechten mit Peddigrohr sollten Sie sich etwas Platz schaffen und bedenken, dass der Tisch durch die ständige Feuchtigkeit Schaden nimmt. Günstig ist eine Abdeckung mit starkem Wachstuch. Achten Sie darauf, dass Tisch- und Stuhlhöhe aufeinander abgestimmt sind. Müssen Sie die Arme

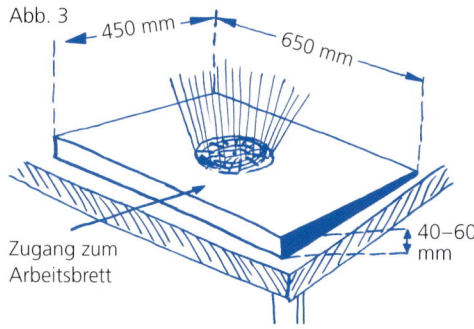

Abb. 3

beim Flechten ständig in 90° Höhe heben, ist das sehr ermüdend, und es kommt zu Verspannungen im Schulterbereich.

Tipp: Für das Arbeiten mit geflochtenen Böden können Sie sich ein Arbeitsbrett bauen, das Ihre Arbeit festhält. Am einfachsten ist es, ein Backbrett aus Holz im Supermarkt zu kaufen. Es hat eine abgewinkelte Seite, die es ermöglicht, das Brett leicht nach hinten abfallend auf den Tisch zu legen. Befestigen Sie Ihre Arbeit mit einem rostfreien Nagel am Brett und schon „dreht" sie sich schön gleichmäßig (Abb. 3).

Holzböden

Im Bastelfachhandel gibt es vorgefertigte Holzböden in verschiedenen Größen. Bei besonderen Maßen ist es vorteilhafter, die Böden selbst herzustellen. Außerdem ist es eine gute Möglichkeit (beispielsweise im Schulbereich), handwerkliche Geschicklichkeit herauszubilden. Holzböden sind ideal für die ersten Arbeiten im Peddigrohrflechten.

Material
+ Sperrholz, 4–6 mm stark
+ massives Holz, 4–6 mm stark

Werkzeuge
Laubsäge mit Stützbrettchen, Akku-Bohrer, Bleistift, Zirkel, Schleifpapier, Möbellack

Arbeitsschritte
1. Zeichnen Sie die Grundform eventuell mit einem Zirkel auf.
2. Sägen Sie die Grundform aus. Dazu gehen Sie folgendermaßen vor:
a) Die Laubsäge sollte richtig gespannt sein, die Sägezähne zeigen nach unten.
b) Die Arbeit wird an den Rand des Tisches gelegt, sodass sie etwas übersteht.
c) Der Augenabstand zur Arbeit sollte ca. 30 cm betragen.
d) Die linke Hand führt die Arbeit an der Säge entlang.
e) Die rechte Hand sägt, das heißt nicht die Säge bewegt sich, sondern die linke Hand mit der Arbeit. Wichtig: Der Arm, der die Säge hält, liegt am Körper. Die Bewegung erfolgt aus dem Ellenbogengelenk in Auf- und Abwärtsbewegungen (Abb. 4).
f) Der Sägeschnitt sollte senkrecht durch das Holz gehen.

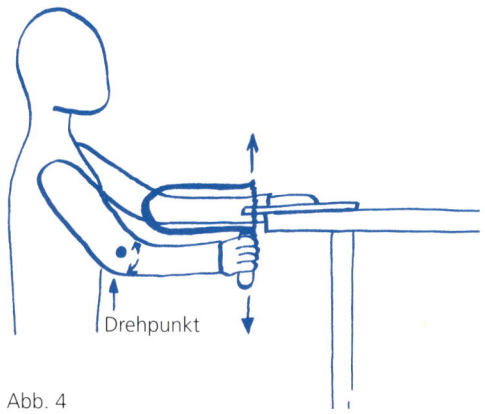

Abb. 4

3. Nun werden Löcher in die Bodenplatte gebohrt. Dies geschieht so:
a) Zeichnen Sie die Löcher für die Staken an (Abb. 5). Der Abstand vom Rand sollte ca. 5–7 mm betragen, der Abstand von Loch zu Loch ca. 15–20 mm.
b) Vorteilhaft ist es, zuerst eine Hilfslinie für den Abstand vom Rand zu ziehen und dann

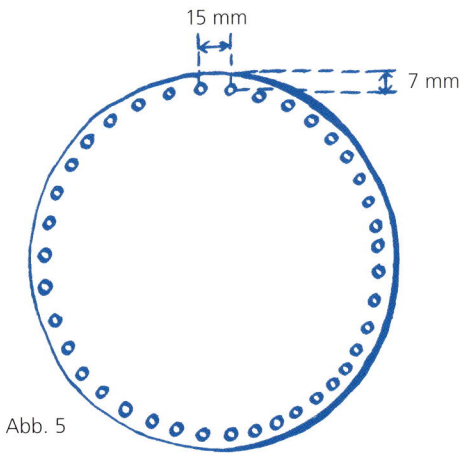
Abb. 5

mit einem kleinen Pappabschnitt die Abstände von Loch zu Loch anzuzeichnen.
c) Für Anfänger sollte die Lochanzahl ungerade sein.
d) Nun stechen Sie mit Ahle oder Nagel die Löcher vor.
e) Die Lochgröße der Bohrung sollte 0,25 bis 0,5 mm größer sein als die Stakendicke.
4. Der Boden wird nun mit feinem Schleifpapier bearbeitet, besonders im Bereich der Löcher.
5. Versiegeln Sie die Böden vor der Weiterverarbeitung mit Hydro-Möbellack, um sie wasserabweisend zu machen.

Tipp: Bei bestimmten Gegenständen, wie zum Beispiel Tabletts, hat es sich bewährt, die Oberseite zusätzlich mit Klebefolie zu beziehen, die in vielen Designs erhältlich ist. Die Gegenstände sehen so dekorativ aus und lassen sich gut reinigen.

Allgemeine Arbeitshinweise

Anfeuchten
Peddigrohr besitzt eine natürliche Geschmeidigkeit, die aber zum Flechten nicht ausreichen würde. Deshalb muss es vor dem Flechten gewässert werden. Sie sollten das Peddigrohr 10–15 Minuten (je nach Stärke) vor Arbeitsbeginn in warmem Wasser einweichen (kaltes Wasser geht notfalls auch). Dazu werden die einzelnen Peddigfäden zu kleinen Ringen geschlungen und ins Wasser gelegt. Achten Sie darauf, dass Sie nach Arbeitsende das Rohr aus dem Wasser nehmen. Es verliert sonst seine Geschmeidigkeit und wird grau. Die Staken werden in der Regel nur an den Enden, beispielsweise für Fuß- oder Randabschluss, eingeweicht.

Müssen Sie Ihre Arbeit für längere Zeit unterbrechen oder haben Sie stark geschwungene Formen, können Sie auch einmal die ganze Arbeit eintauchen (Vorsicht bei Holzböden!). Zum Anfeuchten zwischendurch leistet ein mit Wasser gefüllter Pflanzenbefeuchter gute Dienste. Sprühen Sie einfach auf die betreffenden Stellen, und arbeiten Sie dann weiter.

Versiegeln
Es empfiehlt sich, alle fertigen gut getrockneten Peddigrohrarbeiten mit Hydro-Möbellack oder einem ähnlichen farblosen Lack zu behandeln, um sie vor Schmutz und Feuchtigkeit zu schützen. Der Lack wird mit einem Pinsel aufgetragen. In der Regel reicht ein einmaliger Auftrag aus. Der unverdünnte Lack ist glänzend. Wünschen Sie einen seidenmatten Glanz, verdünnen Sie den Lack mit Wasser im Verhältnis 2:1.

Tipps und Tricks
◆ Wollen Sie eine Stake rechtwinklig biegen, drücken Sie die Knickstelle mit einer Ahle ein und biegen einen Teil der Stake vorsichtig nach oben.

◆ Beschweren Sie Ihre Arbeit mit einem Gewicht, damit Sie beide Hände frei haben.

Grundlagen des Peddigrohrflechtens

Arbeiten mit Holzböden

Fuß
Die vorbereiteten Staken werden mit dem feuchten Ende von oben nach unten durch den Holzboden gesteckt.

Einfacher Fuß mit gerader Stakenzahl (Bogen)
Die doppelt langen Staken (nach entsprechender Berechnung) werden in der Mitte angefeuchtet, an den Enden etwas angeschrägt und in je ein Loch des Holzbodens gesteckt. Wahlweise können Sie den entstehenden Boden fest niederdrücken oder gewölbt stehen lassen (Abb. 6).

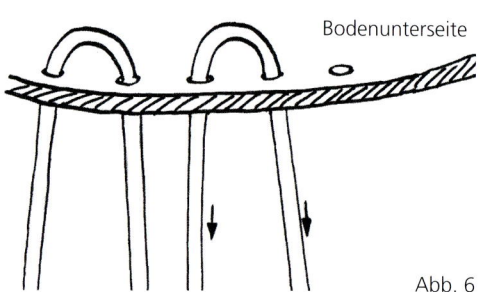

Abb. 6

Einfacher Fuß mit ungerader Stakenzahl (Bogen)
Sie arbeiten wie in Abb. 6 gezeigt. Die ungerade Stake wird so weit durch das letzte Loch geschoben, dass Sie damit im Rhythmus „vor eins, hinter eins" einen Umgang um die Bögen flechten können (Abb. 7).

Abb. 7

Länge der Stake: einfache Stakenlänge + einen Umgang des Bodens + ca. 3–4 cm

Fuß in einfacher Flechtart
Arbeiten Sie wie auf den Abbildungen 8.1 bis 8.3 gezeigt.
- vorstehende Stakenlänge (für Fuß) 5–7 cm
- Arbeitsrhythmus: vor eins, hinter eins

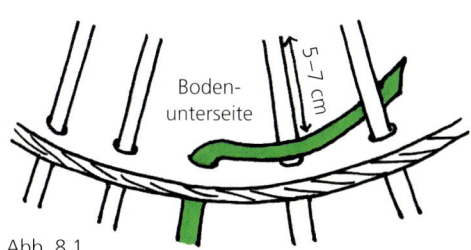

Abb. 8.1

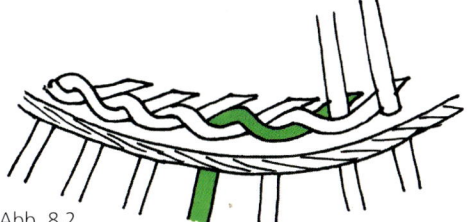

Abb. 8.2

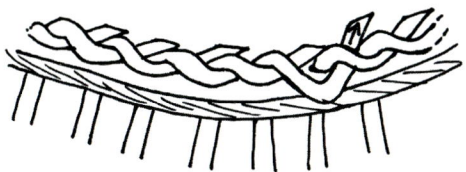

Abb. 8.3

Fuß im Dreiergeflecht (Kimme)
Arbeiten Sie wie auf den Abbildungen 9.1 und 9.2 gezeigt.
- vorstehende Stakenlänge (für Fuß) 7–10 cm
- Arbeitsrhythmus: vor zwei, hinter eins

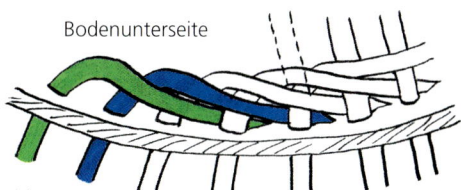

Abb. 9.1

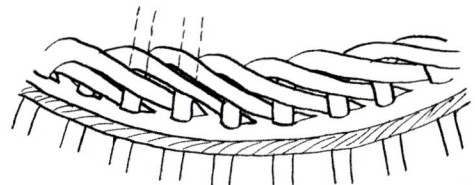

Abb. 9.2

Fuß mit verdecktem Holzrand

Arbeiten Sie wie auf den Abbildungen 10.1 und 10.2 gezeigt.
- vorstehende Stakenlänge (für Fuß) 7–10 cm
- Arbeitsrhythmus: von unten über Holzrand außen, nach oben, hinter eins

Doppelter Fuß

Arbeiten Sie wie auf Abbildung 11 gezeigt.
- vorstehende Stakenlänge 12–15 cm auf der Bodenunterseite
- Arbeitsrhythmus: vor zwei, hinter eins, vor eins, hinter eins

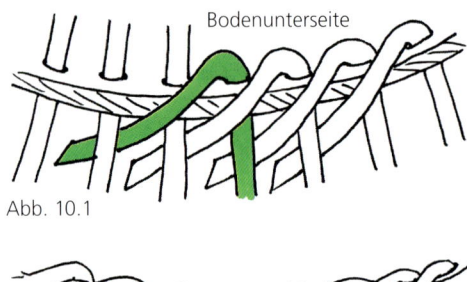

Abb. 10.1

Abb. 10.2

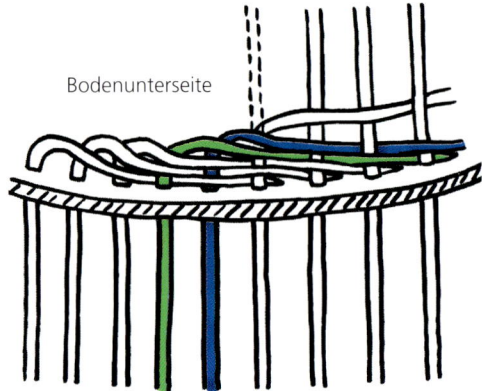

Abb. 11

Doppelter Fuß

Aufbau

Sie haben jetzt den Fuß gearbeitet und können nun mit dem Aufbau der Korbwand beginnen. Vorher aber noch einige Hinweise: Im Allgemeinen werden Fuß, Korbwand und Randabschluss aus einer Stake gearbeitet. Die Staken sollten also lang genug sein. Meist rechne ich ca. 7 cm Sicherheitsreserve ein. In den beschriebenen Arbeitsbeispielen mit Maßangaben ist dieser Abstand bereits eingerechnet. Bricht eine Stake beim Arbeiten ab, stecken Sie eine angespitzte Ersatzstake direkt daneben ein. Erst jetzt wird die gebrochene Stake abgeschnitten. Manchmal hat man eine so genannte „lahme" Stake, die zu weich ist und die Form nicht mehr hält. Stecken Sie einfach eine Stricknadel neben die Stake, und flechten Sie so weiter, als ob Nadel und Stake eins sind. Später wird die Stricknadel entfernt. Bei einem geschwungenen Aufbau geht dies allerdings nicht, da die Nadel steif nach oben geht. Hier behandeln Sie die „lahme Stake" wie eine gebrochene und tauschen sie aus.

Nach dem Einstechen der Staken und dem Flechten des Fußes haben die Staken manchmal eine leicht schräge oder nach innen gehende Richtung. Biegen Sie deshalb die Staken am Ansatz in Form, solange sie noch feucht sind.

Geflechtarten

Bei allen folgenden Beschreibungen zum Arbeitsrhythmus gehen Sie bitte davon aus, dass Sie vor der Arbeit sitzen.

Einergeflecht mit einem Faden
✦ Arbeitsrhythmus: vor eins, hinter eins
Bei diesem Einergeflecht ist eine ungerade Stakenzahl erforderlich, um das Verkreuzen der Fäden in den folgenden Runden zu gewährleisten (Abb. 12).

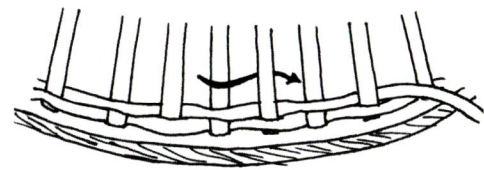

Abb. 12   Bodenunterseite

17

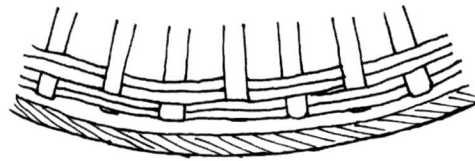

Abb. 13   Bodenunterseite

Eine andere Art dieses Geflechts ist das Flechten mit Doppelfaden. Es wird genauso ausgeführt, nur benutzt man zwei Fäden gleichzeitig (Abb. 13).

Einergeflecht mit aufeinander folgenden Fäden

Dieses Geflecht wird genutzt, wenn man eine gerade Stakenzahl hat, aber ein Einergeflecht arbeiten möchte. Hier werden zwei Fäden um eine Stake versetzt begonnen. Sie arbeiten mit einem Faden (Abb. 14, grün) vor eins, hinter eins eine gewisse Strecke (ca. 5–6 Staken), dann folgt der zweite Faden (blau) in gleicher Weise. Wichtig ist, dass er dem ersten Faden immer „hinterherhinkt". Das Aussehen beider Einergeflechte ist identisch.

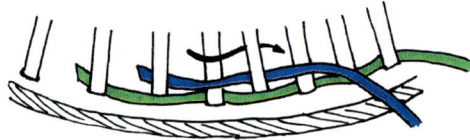

Abb. 14   Bodenunterseite

Zweiergeflecht
(zwei gekreuzte Flechtfäden)

✦ Arbeitsrhythmus: vor eins, hinter eins
Legen Sie zwei Flechtfäden in zwei Stakenzwischenräume von innen nach außen (Abb. 15.1). Nun flechten Sie mit dem linken Faden (grün) beginnend vor der Stake entlang hinter die nächste nach vorn. Dies wird mit dem zweiten Faden (blau) wiederholt (Abb. 15.2).

Zweiergeflecht

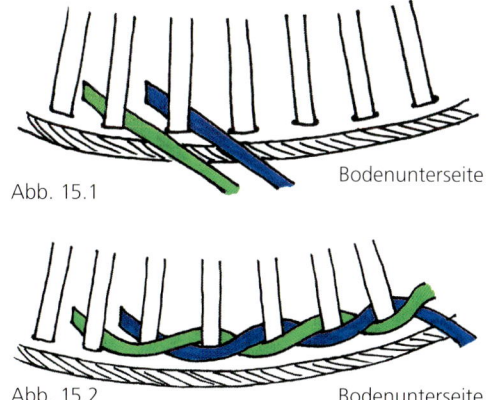

Abb. 15.1 — Bodenunterseite

Abb. 15.2 — Bodenunterseite

Durch das Wechseln des Flechtfadens nach jeder Stake entsteht ein gekreuztes Geflecht. Dies ist ein häufiges Geflecht für die Korbwand. Um am Anfang einer Arbeit die Staken in die gewünschte Lage zu bringen, eignet es sich besser als das Einergeflecht, weil es die Staken gleichzeitig vorn und hinten umwindet.

Dreiergeflecht

◆ Arbeitsrhythmus: vor zwei, hinter eins

Legen Sie drei Flechtfäden in drei Stakenzwischenräume von innen nach außen (Abb. 16.1). Beginnen Sie mit dem Faden links (grün), und führen Sie ihn vor zwei Staken hinter der nächsten hindurch wieder nach vorn. Jetzt folgt der nun am weitesten links liegende Faden (blau) im selben Rhythmus. So arbeiten Sie dann fortlaufend (Abb. 16.2).

Entgegengesetztes Dreiergeflecht (Kimme)

◆ Arbeitsrhythmus: vor zwei, hinter eins

Diese Flechtart wird im gleichen Rhythmus geflochten wie das Dreiergeflecht, allerdings gehen Sie hier unter zwei Flechtfäden hindurch, anstatt über zwei Flechtfäden hinweg zu arbeiten (Abb. 17.1 u. 17.2).

Eine andere Art des Dreiergeflechts ist das Vierer- und Fünfergeflecht. Diese arbeitet man fast identisch, nur dass man hier über vier beziehungsweise fünf Staken und hinter eine Stake geht.

◆ Arbeitsrhythmus: vor vier (fünf), hinter eins

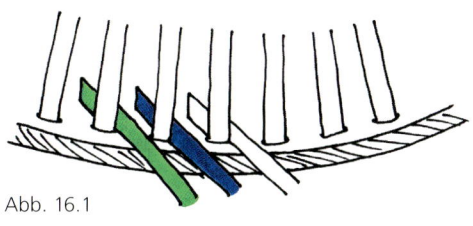

Abb. 16.1

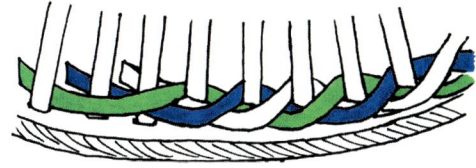

Abb. 16.2

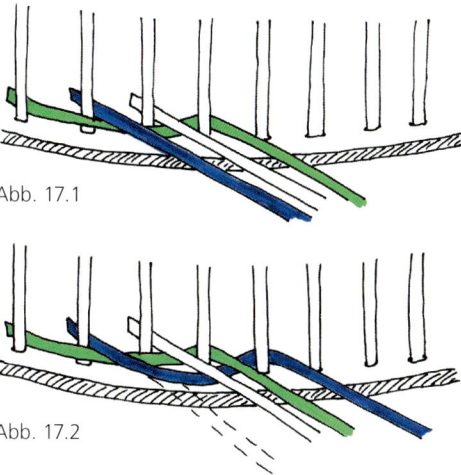

Abb. 17.1

Abb. 17.2

Schachbrettmuster

Das Schachbrettmuster ist ein Kreuzgeflecht mit übereinander gelegten Staken. Es hat in einer Richtung eine andere Ausdehnung als in der anderen. Dies kommt dadurch, dass man für das Schachbrettmuster Flachband zum Flechten verwendet. Daher benötigt

19

Eingeflochtene Kimme

✦ Arbeitsrhythmus: vor drei, hinter eins

Legen Sie vier Flechtfäden in vier Stakenzwischenräume von innen nach außen. Nehmen Sie den links liegenden Faden, und führen Sie ihn vor drei Staken, aber unter den zwei folgenden Flechtfäden hindurch, dann über den letzten Flechtfaden hinter der vierten Stake hindurch nach vorn (Abb. 19.1). Jetzt arbeiten Sie im selben Rhythmus immer mit dem links liegenden Faden weiter (Abb. 19.2, 19.3).

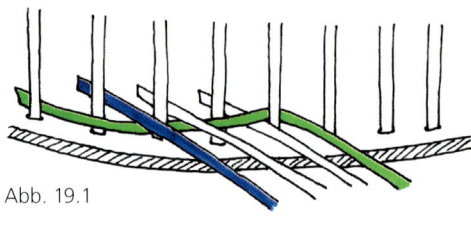

Abb. 19.1

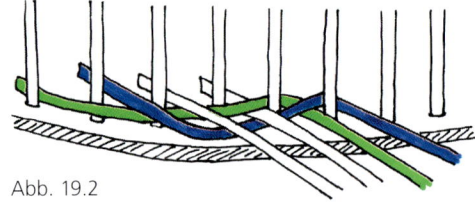

Abb. 19.2

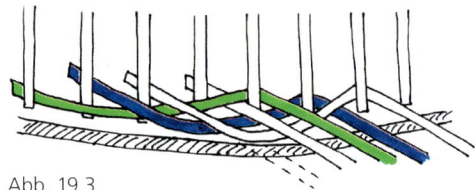

Abb. 19.3

man für eine quadratische Fläche eine ungleiche Anzahl an Stakenpaaren. Richten Sie alle Querstaken auf der Arbeitsfläche aus. Nun schieben Sie eine senkrechte Stake unter die anderen quergelegten Staken und beginnen zu flechten (Abb. 18). Nach jedem senkrechten Durchgang legen Sie eine neue Stake darunter und flechten die nächste Reihe bis zur gewünschten Geflechtgröße. Auf der Oberseite der Arbeit entsteht ein schönes Schachbrettmuster. Dieses Geflecht eignet sich vorrangig für eckige Böden und gerade Flächen.

Ansetzen von Flechtfäden

Das Flechtrohr ist 2–4 m lang. Sie kommen also nicht umhin, neue Fäden anzusetzen. Hier gibt es zwei Möglichkeiten:

1. Kreuzen: Das Kreuzen erfolgt meist auf der Innenseite. Nur bei sehr flachen Körben ist es günstiger, außen zu kreuzen. Lassen Sie also den Faden innen enden. Nun führen Sie den neuen Flechtfaden im nächsten

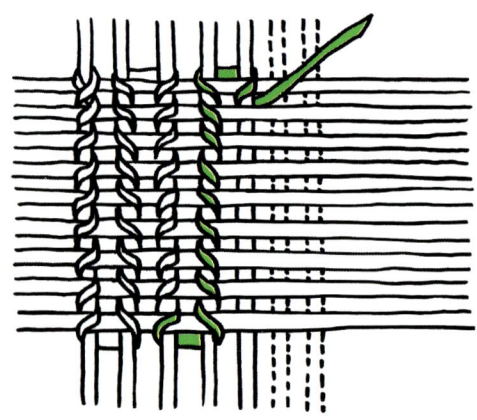

Abb. 18

Zwischenraum nach außen. Nach Abschluss der Arbeit werden die Enden nicht zu kurz abgeschnitten (Abb. 20).

Abb. 20

2. Nebeneinander legen: Hier steht später ein Ende nach innen und ein Ende nach außen. Der neue Faden wird zwischen das Ende des alten Fadens und die letzte Stake geschoben. Nach Abschluss der Arbeit können die Enden kurz geschnitten werden und fallen später kaum auf (Abb. 21).

Abb. 21

Schließen der Kimme

Die Kimme (Dreierring) muss genau dort enden, wo sie begonnen hat. Haben Sie einen Umgang beendet, endet der Faden (grün) neben dem Anfang des Fadens (blau). Führen Sie das nächste Fadenende unter der Verkreuzung (grün/blau) neben den Anfang dieses Fadens (Abb. 22). Das gleiche Verfahren wenden Sie auch beim letzten Fadenende an.

Abb. 22

Aufarbeiten und Überhöhen

Wollen Sie einen Korb unsymmetrisch arbeiten, oder soll eine Seite höher sein als die andere, ist ein Überhöhen der Arbeit notwendig. Hierzu wird der Flechtfaden in hin- und hergehenden Reihen so geflochten, dass er bei jeder Reihe auf beiden Seiten um eine, maximal zwei Staken zurückgeht, damit keine Löcher entstehen (Abb. 23).

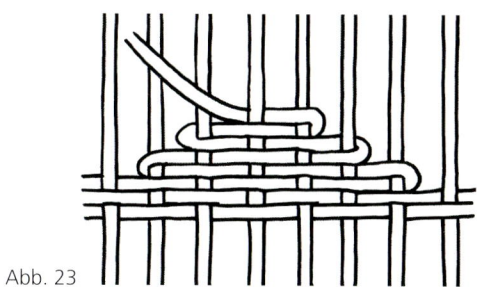

Abb. 23

Arbeiten mit geflochtenem Boden

An völlig aus Peddigrohr geflochtene Körbe sollten Sie sich erst wagen, wenn Sie schon einige Stücke mit Holzboden gearbeitet haben. Es verlangt nämlich eine gewisse Übung. Daher ist ein Untersetzer als erstes Stück ratsam.

Der Boden

Der Boden wird aus einem so genannten Bodenkreuz gebildet, das heißt die gewünschte Stakenzahl wird kreuzweise übereinander gelegt. Bei dünnen Staken reicht ein Übereinanderlegen aus, bei stärkeren

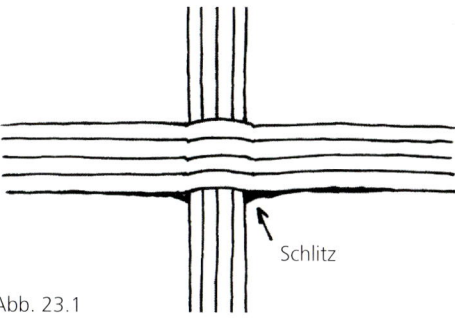

Abb. 23.1

Staken (ab 3 mm ⌀) wird die Hälfte der Staken mit einem Skalpell oder Messer in der Mitte geschlitzt und die andere Hälfte der Staken durch diese Schlitze geschoben (Abb. 23.1).
Nun beginnen Sie zu flechten. Für die ersten Runden können Sie Naturbast oder Flechtrohr (1 mm ⌀) verwenden. Damit sind die ersten engen Umrundungen etwas einfacher zu arbeiten.
Bei allen Bodenarten muss das Staken- und Flechtrohr 5 Minuten eingeweicht werden.

Runder Boden mit ungerader Stakenzahl

Bilden Sie, wie oben beschrieben, das Bodenkreuz.
Jetzt schieben Sie eine halbe Stake zusätzlich in den Schlitz (z. B. 8 Staken je 20 cm lang und 1 Stake 10 cm lang). Halten Sie nun das Bodenkreuz mit der ungeraden Stake oben in der Hand, nehmen Sie einen Bastfaden (ca. 1 m lang), und schlingen Sie ihn um das obere Stakenbündel (grün, Abb. 23.2). Ein Bastende sollte ca. 20 cm, das andere 80 cm lang sein. Schlingen Sie die Bastenden so um die Stakenbündel, dass sie jeweils vorn und hinten entlanglaufen und sich in den Zwischenräumen verkreuzen, ähnlich wie beim Zweiergeflecht. Nach zwei Umrundungen wird nur das lange Ende im Einergeflecht weitergeführt.

Die Staken biegen Sie für zwei Runden in Zweiergruppen (vor zwei, hinter zwei), wobei die neunte Stake als einzelne Stake geflochten wird. Den Rest des Bodens wird dann jede einzelne Stake umflochten (Abb. 23.3). Ist der Bastfaden vom Anfang aufgebraucht, nehmen Sie das übliche Flechtrohr bis zur gewünschten Größe. Sehr wichtig ist es, den Faden beim Flechten immer zur Mitte zu ziehen und nochmals mit den Fingern nachzudrücken, um ein lückenloses Bodengeflecht zu erhalten. Außerdem müssen die Staken ständig gerade ausgerichtet werden, sonst bekommt man einen „Kippelboden".

ungerade Stake

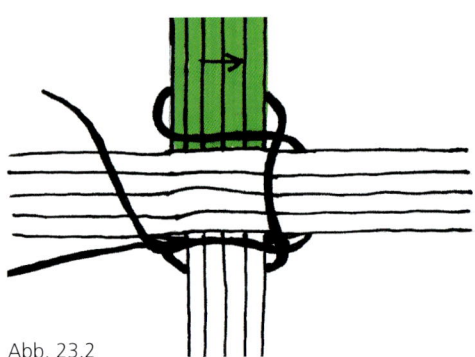

Abb. 23.2

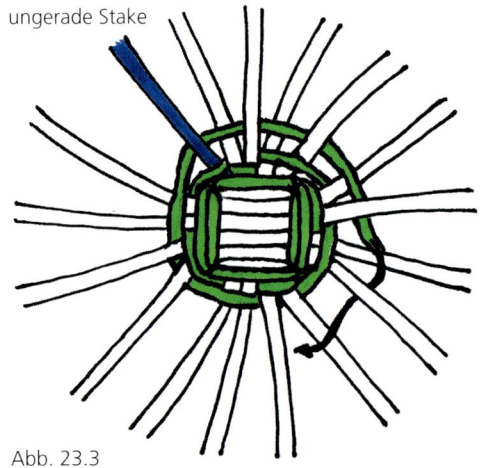

Abb. 23.3

Runder Boden mit gerader Stakenzahl

Auch hier bereiten Sie das Bodenkreuz vor (Abb. 24.1) und beginnen mit dem Bastfaden wie unter „Runder Boden mit ungerader Stakenzahl" beschrieben. Allerdings sollten beide Bastenden etwa gleich lang sein. Nach den ersten zwei Bastreihen arbeiten Sie im Zweiergeflecht um jede ein-

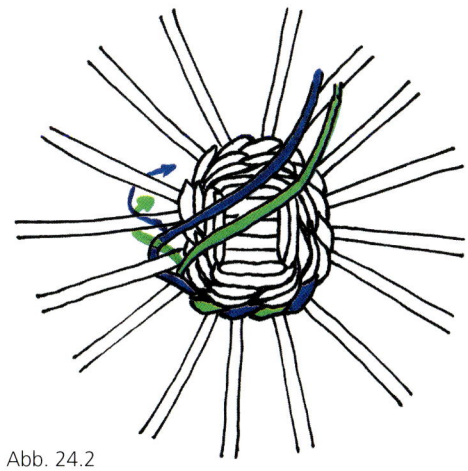

Abb. 24.2

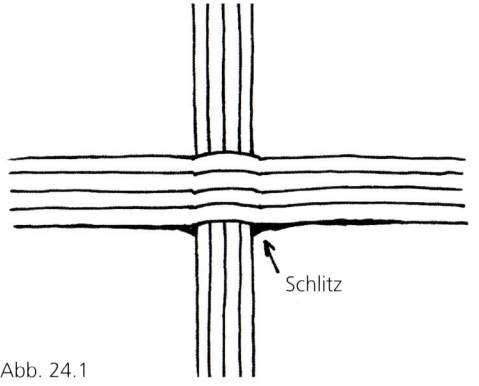

Abb. 24.1

Schlitz

zelne Stake weiter (Abb. 24.2). Sie sollten bis zu einem Durchmesser von ca. 3 cm mit Bast arbeiten, dann können Sie Flechtrohr nehmen. Sie sollten darauf achten, dass die Staken gleichmäßig werden.

Runder Boden mit durchbrochenem Bodenkreuz

Schneiden Sie vier Stakenpaare zu, von denen Sie zwei Gruppen schlitzen, also beispielsweise 4 x 4 Staken, davon 2 x 4 Staken geschlitzt. Diese werden gemäß Abb. 25.1 zu einem Bodenkreuz verbunden. Hier können Sie zum Flechten gleich Flechtrohr benutzen.

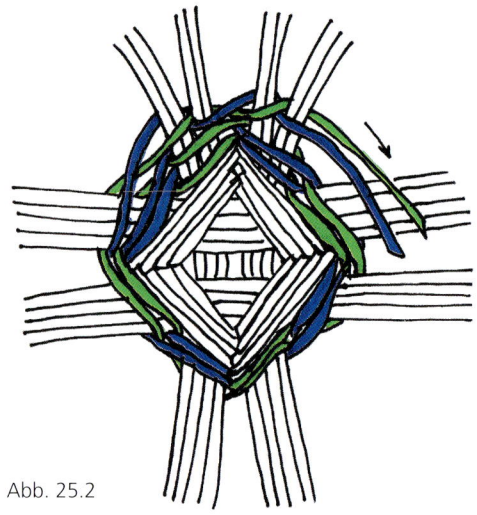

Abb. 25.2

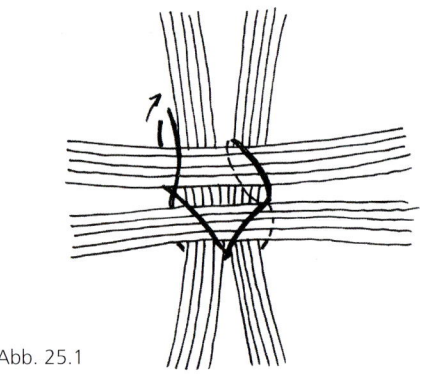

Abb. 25.1

Sie arbeiten im Zweiergeflecht vier bis fünf Runden über die ganze Stakengruppe, dann zwei Runden um Zweiergruppen und zum Ende um Einzelstaken (Abb. 25.2).

Ovaler Boden

Das Bodenkreuz eines ovalen Bodens weicht etwas vom runden Boden ab. Hier haben Sie lange und kurze Staken (Längs- und Querstaken). Die Anzahl, insbesondere der Querstaken, hängt von der Länge des Bodens ab. Sie sollten alle 2–3 cm eine Stake setzen.

Schlitzen Sie die zugeschnittenen Querstaken, und schieben Sie die Längsstaken ein (Abb. 26.1). Sie erhalten eine gerade Stakenzahl und arbeiten deshalb im Einer-

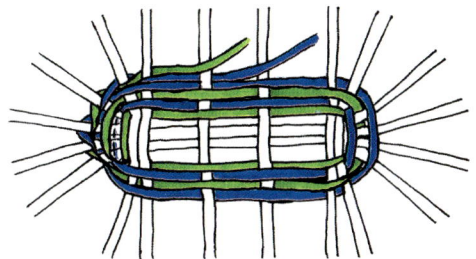

Abb. 26.2

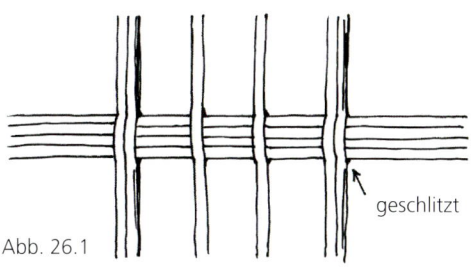

Abb. 26.1

geschlitzt

geflecht mit aufeinander folgenden Fäden um die unveränderte Aufteilung. Nach zwei Runden können Sie im Zweiergeflecht weiterarbeiten und dabei die Längsstaken in Zweiergruppen und Einzelstaken aufteilen (Abb. 26.2). Möchten Sie im Einergeflecht mit aufeinander folgenden Fäden weiterarbeiten, ist es trotzdem ratsam, die Kurven im Zweiergeflecht zu überbrücken. Arbeiten Sie bis zur gewünschten Größe.

25

Einsetzen von Zusatzstaken

Im Allgemeinen wird der Boden extra geflochten, und für den Aufbau werden neue Staken eingesetzt. Dieses Verfahren soll nachfolgend beschrieben werden.

Es besteht auch die Möglichkeit, die Bodenstaken durch Hochbiegen gleich für den Aufbau zu benutzen. Das kann ich aber nur bei kleineren Stücken empfehlen, da die Anzahl der Aufbaustaken sonst zu gering ist und das Geflecht instabil wird. Außerdem würden die extrem langen Staken beim Bodenflechten stören.

Ich setze also Zusatzstaken neben den Bodenstaken ein. Die Länge dieser Staken richtet sich nach Korbhöhe und Zuschlag für den Rand. Schieben Sie die etwas angespitzten Staken möglichst tief in das Bodengeflecht. Sie können mit der Ahle etwas vorbohren. Schneiden Sie die noch vorstehenden Bodenstaken bündig ab, biegen die Zusatzstaken vorsichtig nach oben und arbeiten die Kimme (siehe „Geflechtarten", S. 19).

Brauchen Sie eine starke Kimme, damit der Korb beispielsweise besonders fest steht, können Sie statt Flechtfaden (2 mm Ø) auch Stakenmaterial (3 mm Ø) für die Kimme benutzen. Generell sollte aber der Flechtfaden mindestens 0,8–1 mm dünner als das Stakenmaterial sein.

Griffe und Henkel

Einfacher Griff
✦ erforderliche Fadenlänge: ca. 1 m

Sie sollten Peddigrohr der Stärke 2–3 mm Ø benutzen.

Der Peddigfaden wird mit Hilfe der Ahle tief in das Geflecht gesteckt, zum gewünschten zweiten Ansatz geführt und dort von außen nach innen unter dem Rand durch die Korbwand geführt (Abb. 27.1).

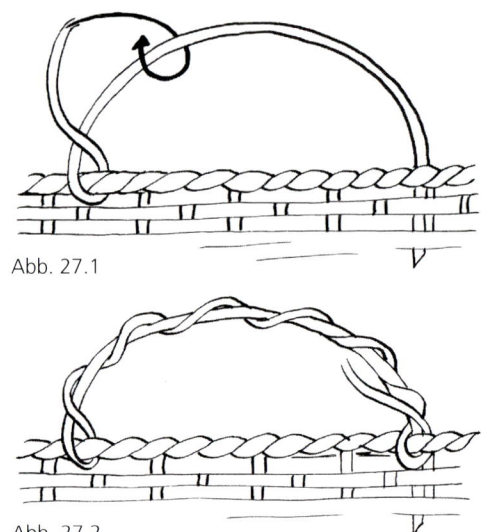

Abb. 27.1

Abb. 27.2

Nun wickeln Sie den Faden um die entstandene Schlaufe zum ersten Ansatz zurück (Abb. 27.2).

Gehen Sie wieder von außen nach innen durch die Korbwand, und umwickeln Sie die Schlaufe. Sie sollten 3–4-mal hin- und hergehen. Das Fadenende stecken Sie zwischen die Fäden am Ansatz und verschneiden es.

Verstärkter Griff
✦ erforderliche Fadenlänge: doppelte Griffdistanz + 25 cm

Für das Innenleben verwenden Sie entweder Peddigrohr (Stärke 4–6 mm Ø) oder 3 Peddigfäden der Stärke 2–3 mm Ø. Dieses Innenstück wird an den gewünschten Ansätzen tief ins Geflecht gesteckt (Abb. 27.3).

Abb. 27.3

Abb. 27.4

Beim Flechten der Korbwand können Sie dafür vorher so genannte „Platzmacher" einsetzen. Platzmacher sind kleine Stöckchen (ca. 6–10 mm ⌀), die neben einer Stake eingesetzt werden und etwa die letzten 3–5 cm mitgeflochten werden. Dadurch erhalten Sie nach Entfernen der Platzmacher einen Freiraum, um das Griff- oder Henkelinnenleben einzuführen.

Arbeiten Sie den verstärkten Griff wie den „einfachen Griff". Statt um den ersten Fadenlauf zu wickeln, wickeln Sie um das Innenleben, bis dieses verdeckt ist (Abb. 27.4).

Verstärkter Henkel

✦ erforderliche Fadenlänge: 2 x 4 Fadenbündel (einfache Henkeldistanz + 30 cm)

Entfernen Sie die vorher eingeflochtenen Platzmacher, und setzen Sie das Innenleben (Peddigrohr 10 mm ⌀ oder fünf Fäden 3 mm ⌀) ein.

Ein Bündel von 4 Fäden (2–3 mm ⌀) wird auf der Henkelinnenseite eingesteckt und so um den Henkel gewickelt, dass Platz für das zweite Bündel bleibt (Abb. 28.1).

Abb. 28.1

Ziehen Sie das Bündel auf der anderen Seite unter den Randabschluss, und lassen Sie es liegen. Das zweite Bündel wird auf dieser Seite eingesetzt und in den Lücken des ersten Bündels zur anderen Seite gewunden. Lassen Sie auch dieses Bündel unter dem Randabschluss liegen (Abb. 28.2).

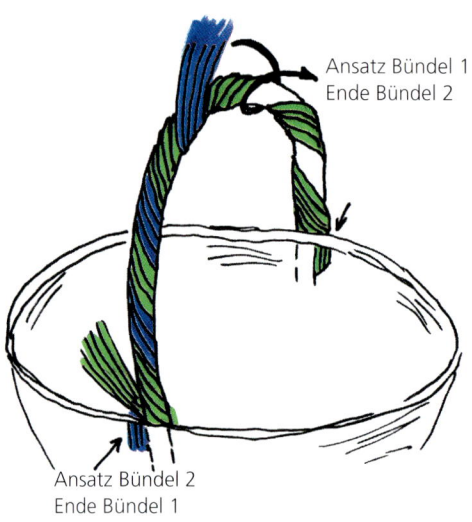

Ansatz Bündel 1
Ende Bündel 2

Ansatz Bündel 2
Ende Bündel 1

Abb. 28.2

Nun werden die Fadenenden kreuzweise einzeln oder im Bündel um den Henkelfuß geflochten (Abb. 28.3, 28.4).

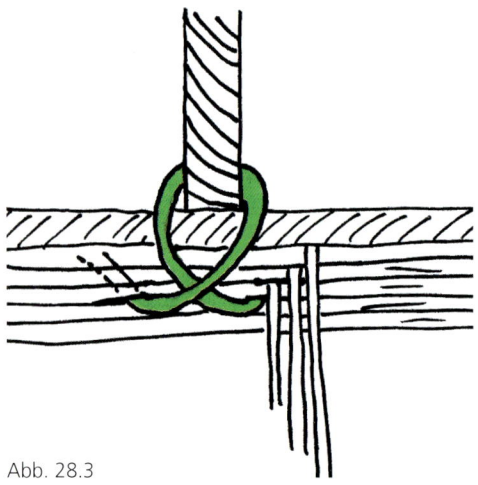

Abb. 28.3

Abb. 28.4

Sie können auch einen einfachen Henkel ohne Innenleben arbeiten. Er wird in gleicher Weise wie der einfache Griff gefertigt, nur größer und von einer Korbseite zur anderen.

Kreuzgeflecht

Die beiden hier beschriebenen Henkelansätze sind insbesondere für Henkelkörbe und Schalen aus halbrund oder ringförmig gebogenen Peddigstangen gedacht (beispielsweise wie für das Henkelkörbchen).

1.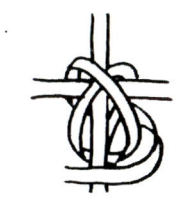
2.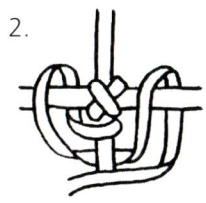

1.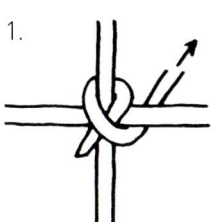
2.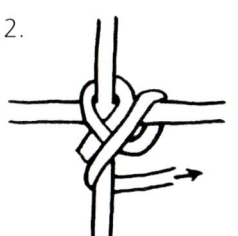

3.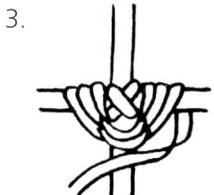
4.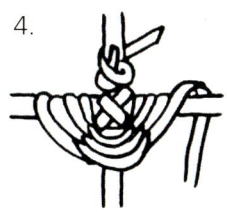

Abb. 30

3.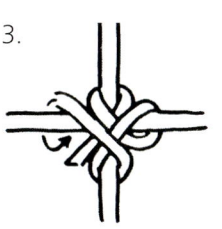
4.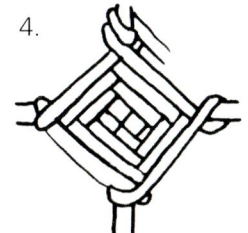

Abb. 29

Bei Variante 1 werden vier Schenkel gleichmäßig fortlaufend umwickelt (Abb. 29). Diese Form kommt bei Henkelkörben zum Einsatz. Variante 2 wird nur um drei Schenkel gearbeitet und eignet sich deshalb auch für Bogenschalen ohne Henkel (Abb. 30).

Rand

Der Rand wird meist aus den Staken der Korbwand gearbeitet. In einzelnen Fällen können Sie auch neue Staken für den Rand verwenden, die Sie dann neben die Wandstaken stecken. Dies ist zweckmäßig, wenn
✦ Sie einen dunklen Rand für einen hellen Korb arbeiten möchten oder umgekehrt,
✦ Sie die Wandstaken zu kurz berechnet haben und diese für den Rand nicht ausreichen.

Tipp: Wichtig ist, die Staken vor Beginn des Abschlusses noch einmal gut einzuweichen. Passiert es doch einmal, dass eine Stake beim Randflechten abbricht, tauschen Sie diese einfach aus (siehe Kapitel „Aufbau", S. 17).

Randabschluss mit einfachen Bögen
✦ erforderliche Stakenlänge: je nach Bogenhöhe 10–15 cm
Schneiden Sie die Staken schräg auf die gewünschte Höhe, und stecken Sie sie möglichst tief neben die nächste Stake in die Korbwand (Abb. 31).

Abb. 31

Randabschluss mit kreuzenden Bögen
✦ erforderliche Stakenlänge: je nach Bogenhöhe 15–20 cm
Gehen Sie genauso wie beim Randabschluss mit einfachen Bögen vor. Hier schieben Sie die Stake nicht neben die nächste, sondern neben die übernächste Stake. Allerdings sollten Sie gleichmäßig entweder immer hinter oder immer vor die nächste Stake stecken (Abb. 32).

Abb. 32

Überdeckter Randabschluss
✦ erforderliche Stakenlänge: ca. 15 cm
Die Staken werden schräg nach rechts laufend über 3, 5 oder 7 Zwischenräume hinweg im Rhythmus hinter eins, vor eins geflochten. Die Anfangsbögen sollten genug Platz für den Schluss lassen. Die Staken enden immer innen. Dieser Randabschluss ist besonders für Körbe mit Deckel geeignet, da er sehr schmal ist (Abb. 33).

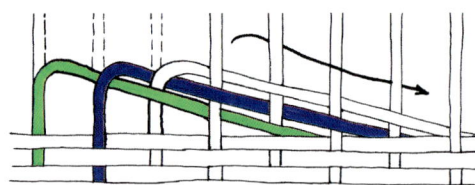

Abb. 33

Einfacher Randabschluss (flacher Rand)
✦ erforderliche Stakenlänge: ca. 20 cm
Biegen Sie die Staken nacheinander nach rechts hinter eins, und legen Sie sie nach vorn ab. Am Ende der Runde wird die letzte unter der ersten Stake durchgebogen (Abb. 34.1, 34.2).

Staken von oben gesehen

Abb. 34.1

Abb. 34.2

Nun werden die außen liegenden Staken wie folgt nach innen gesteckt: Stake 1 (grün) wird unter Stake 3 (gestreift), aber über Stake 2 (blau) nach innen gesteckt und festgezogen usw. (Abb. 34.3, 34.4).

Abb. 34.3

Abb. 34.4

Zum Schluss werden die Enden innen verschnitten.

Flacher Randabschluss
✦ erforderliche Stakenlänge: ca. 25 cm
✦ Arbeitsrhythmus: vor zwei, hinter zwei
Die Staken werden nacheinander nach rechts hinter den nächsten zwei Staken entlang nach vorn gebogen (Abb. 35.1). Am Rundenende wird die vorletzte Stake (grün gestreift) hinter der letzten (gestreift) und unter der ersten Stake (grün) entlanggeführt. Nun wird die letzte Stake (gestreift) unter der ersten (grün) und zweiten Stake (blau) hindurch nach vorn gelegt (Abb. 35.2). Die Staken stecken Sie wie folgt von außen nach innen: vor zwei Staken und

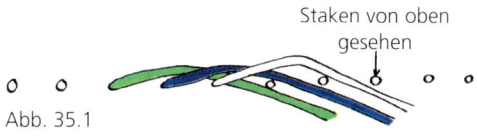
Abb. 35.1

Abb. 35.2

unter den Fäden entlang hinter die nächste Stake (Abb. 35.3, 35.4). Zum Schluss schneiden Sie die Enden kurz.

Abb. 35.3

Abb. 35.4

Zweierzuschlag
✦ erforderliche Stakenlänge: ca. 25 cm
Stake 1 (grün) wird hinter Stake 2 (blau) nach vorn geführt, dann wird Stake 2 (blau) hinter Stake 3 (gestreift) nach vorn gelegt. Umlegen Sie die ersten Bögen locker, um später den Abschluss zu arbeiten (Abb. 36.1).

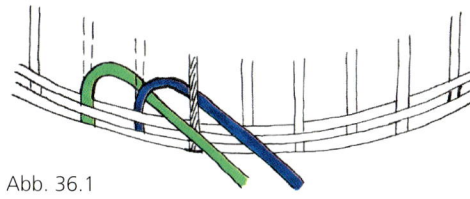
Abb. 36.1

Die Stake 1 (grün) wird über die Stake 2 (blau) hinter Stake 4 nach vorn geführt (Abb. 36.2).

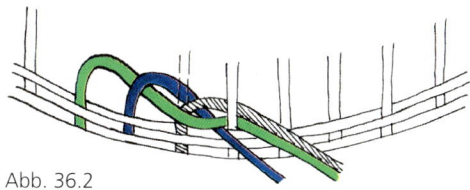
Abb. 36.2

Stake 3 (gestreift) wird hinter Stake 4 neben Stake 1 (grün) gelegt. Das ist das erste Stakenpaar (Abb. 36.3).

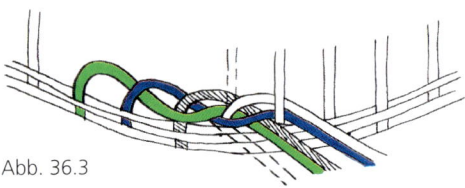
Abb. 36.3

Stake 4 (weiß) wird hinter Stake 5 neben Stake 2 (blau) nach vorn gelegt. Das ist das zweite Stakenpaar (Abb. 36.3).
Stake 3 (gestreift) wird über das zweite Stakenpaar hinter Stake 6 nach vorn gelegt. Stake 5 legen Sie wieder neben Stake 3 (gestreift, Abb. 36.4).

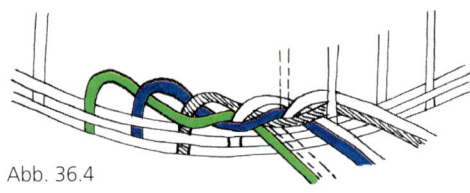
Abb. 36.4

Im selben Rhythmus arbeiten Sie bis zum Rundenende. Wichtig ist, dass Sie immer die rechts liegende Stake des jeweiligen Paares um die nächste Stake nach vorn legen, die links liegende Stake bleibt außen liegen. Nun schließen Sie die Runde, wie auf Abb. 36.5 und 36.6 gezeigt.

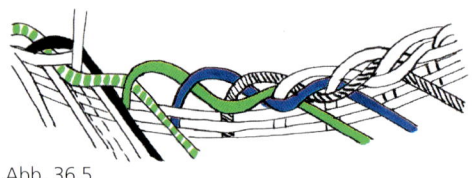
Abb. 36.5

Abb. 36.6

Zum Schluss werden die Fadenenden verschnitten (Abb. 36.7, 36.8).

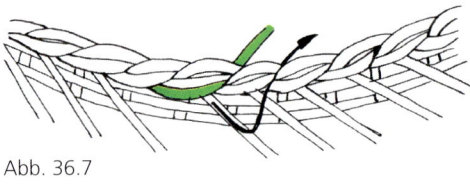
Abb. 36.7

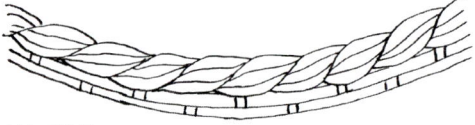
Abb. 36.8

Dreierzuschlag
✦ erforderliche Stakenlänge: ca. 25 cm
Sie gehen ähnlich wie beim Zweierzuschlag vor, nur mit 3 Stakenpaaren. Auch hier sollten Sie den Anfang etwas lockerer arbeiten. Stake 1 (grün) wird hinter Stake 2 (blau) nach vorn geführt, ebenso Stake 2 (blau) hinter Stake 3 (gestreift) und Stake 3 (gestreift) hinter Stake 4 (Abb. 37.1).

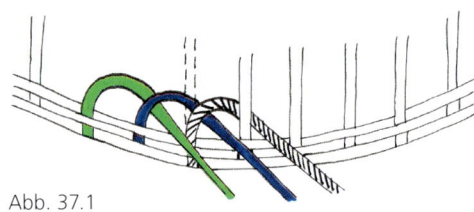
Abb. 37.1

Stake 1 (grün) geht nun über die niedergelegten Staken 2 (blau) und 3 (gestreift) hinter 5 nach vorn. Stake 4 wird daneben nach vorn gelegt (Abb. 37.2).

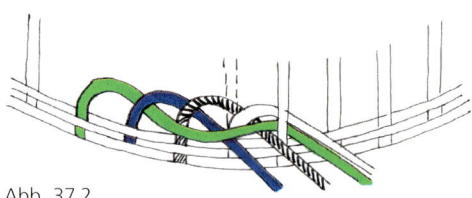
Abb. 37.2

Wiederholen Sie dies in gleicher Weise fortlaufend mit den anderen Staken (Abb. 37.3, 37.4), bis sich außen 3 Stakenpaare gebildet haben.

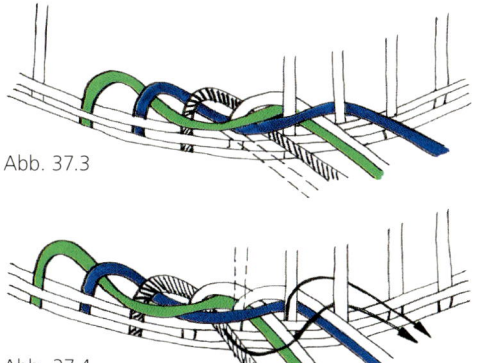

Abb. 37.3

Abb- 37.4

Dann wird immer der rechts liegende Faden des Paares benutzt, um im selben Rhythmus fortzufahren (Abb. 37.5).

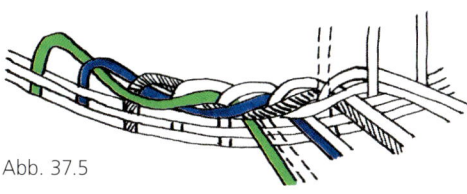

Abb. 37.5

Schließen Sie die Runde (Abb. 37.6).

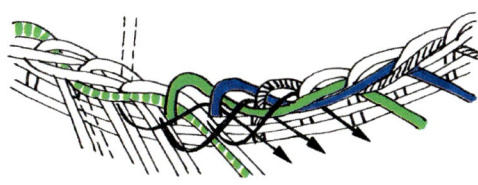

Abb. 37.6

Zum Schluss werden die Fadenenden verschnitten (Abb. 37.7).

Abb. 37.7

Einfacher Zopfrand

✦ erforderliche Stakenlänge: ca. 25 cm

Die Staken werden nach rechts hinter der nächsten Stake nach vorn geführt. Die letzte Stake wird unter der ersten nach vorn geschoben (Abb. 38.1).

Abb. 38.1

Nun legen Sie die außen liegenden Staken jeweils unter der nächsten entlang nach innen (Abb. 38.2).

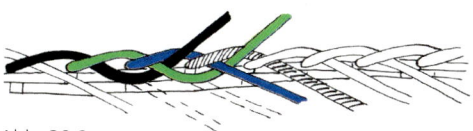

Abb. 38.2

Jetzt werden die Staken so nach außen geführt, dass nebeneinander liegende Stakenpaare entstehen (Abb. 38.3, 38.4).

Abb. 38.3

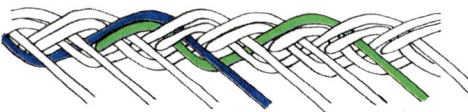

Abb. 38.4

Ziehen Sie die äußeren Staken unter den inneren Doppelfäden nach innen (Abb. 38.5).

Abb. 38.5

Zum Schluss werden die Fadenenden verschnitten (Abb. 38.6).

Abb. 38.6

Zopfrand

✦ erforderliche Stakenlänge: ca. 30 cm

Hier ist es besonders wichtig, die ersten Bögen sehr locker zu lassen (siehe Strichlinie Abb. 39.1; bis ca. 1,5 cm vom Rand), da noch bis zu 3 Fäden durchgeflochten werden müssen. Sie arbeiten den Rand wie folgt: Die Staken 1 (grün) und 2 (blau) biegen Sie nach außen und legen Stake 1 (grün) in großem Bogen über Stake 2 (blau) vor Stake 3 (gestreift) nach innen (Abb. 39.1).

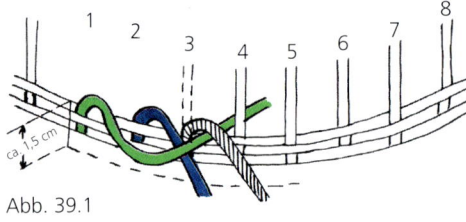

Abb. 39.1

Nun biegen Sie Stake 3 (gestreift) über Stake 1 (grün) nach vorn. Stake 2 (blau) geht über Stake 3 (gestreift) vor Stake 4 nach innen (Abb. 39.2).

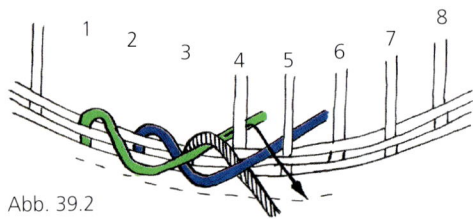

Abb. 39.2

Bringen Sie Stake 1 (grün) hinter Stake 4 nach vorn und legen Stake 4 dazu. Dies ist das erste Stakenpaar (Abb. 39.3).

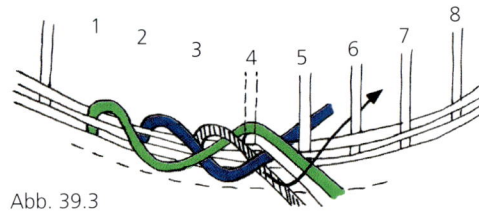

Abb. 39.3

Legen Sie Stake 3 (gestreift) über Paar 1 nach hinten. Stake 2 (blau) wird hinter Stake 5 über Stake 3 (gestreift) nach vorn gebracht und Stake 5 danebengelegt. Dies ist das zweite Stakenpaar (Abb. 39.4).

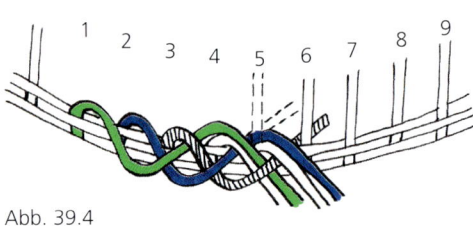

Abb. 39.4

Legen Sie das erste Paar über das zweite Paar hinter Stake 7 (Abb. 39.5).

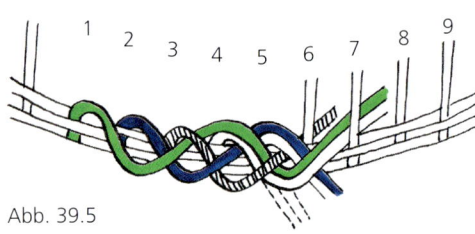

Abb. 39.5

Stake 3 (gestreift) wird über das erste Stakenpaar nach vorn geführt und Stake 6 danebengelegt. Es entsteht das dritte Stakenpaar (Abb. 39.6).

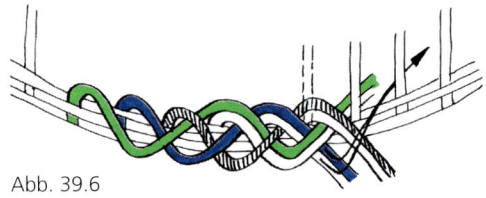

Abb. 39.6

Das zweite Stakenpaar wird über das dritte Stakenpaar hinter Stake 8 gelegt (Abb. 39.7).

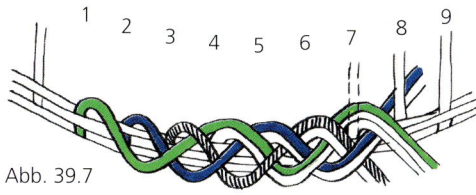

Abb. 39.7

Das erste Stakenpaar legen Sie hinter Stake 7 entlang nach vorn und legen Stake 7 daneben. Es entsteht die erste Dreiergruppe (Abb. 39.8).

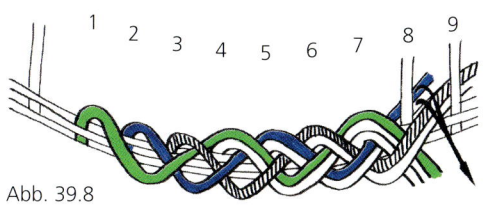

Abb. 39.8

Das zweite Stakenpaar wird hinter Stake 8 über das dritte Stakenpaar entlang nach vorn gelegt und Stake 8 dazugetan. Es entsteht die zweite Dreiergruppe (Abb. 39.9).

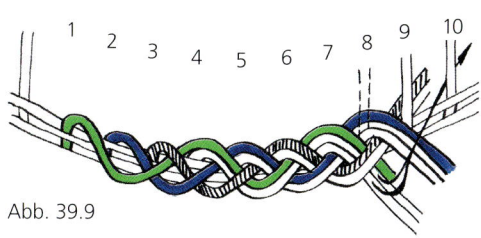

Abb. 39.9

Die beiden links (außen) liegenden Fäden werden über die zweite Dreiergruppe hinter Stake 10 gelegt (Abb. 39.10).

Abb. 39.10

Legen Sie die dritte Zweiergruppe hinter Stake 9 entlang vor Stake 10, und biegen Sie Stake 9 dazu. Es entsteht die dritte Dreiergruppe (Abb. 39.11).

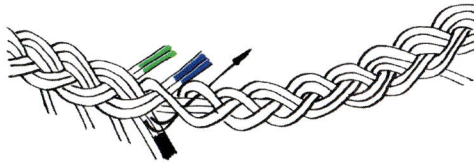

Abb. 39.11

So arbeiten Sie nun weiter, indem immer die zwei rechts liegenden Fäden einer Dreiergruppe weitergeführt werden und zum neuen Paar die folgende Stake dazukommt (Abb. 39.12, 39.13).

Abb. 39.12

Abb. 39.13

Beim fertigen Geflecht müssen innen Dreiergruppen und außen Zweiergruppen entlanglaufen (Abb. 39.14).

Abb. 39.14

Flechtarbeiten

Ovaler Einkaufskorb

Maße
Holzboden 30 x 21 cm (53 Löcher)
Höhe 20 cm (ohne Henkel)
Rand 35 x 26 cm

Materialverbrauch
- 250 g Peddigrohr, 2 mm Ø
- 125 g Stakenmaterial, 3 mm Ø
- 2 Stück Stangenpeddig, 6 mm Ø, 90 cm lang
- Peddigrohrflachband, 5 mm breit (zum Umwickeln des Henkels)
- Platzmacherhölzchen

Schwierigkeitsgrad: mittel
Zeitbedarf: ca. 6 Stunden

Arbeitsschritte
Boden: Es werden 60 cm lange Staken in der Anzahl der vorhandenen Löcher des Bodens zugeschnitten und eingeweicht. Arbeiten Sie einen Fuß mit verdecktem Holzrand (siehe S. 16).
Aufbau: Flechten Sie nach dem Ausrichten der Staken 9 Runden Zweiergeflecht (Stärke 2 mm Ø). Anschließend arbeiten Sie eine Runde Zweiergeflecht mit doppeltem Flechtfaden. Das ergibt eine dekorative Verdickung des Geflechts an dieser Stelle. Nun verfahren Sie in folgendem Rhythmus: 6 Runden Zweiergeflecht / 1 Runde Zweiergeflecht mit doppeltem Faden, bis Sie eine Höhe von ca. 20 cm erreicht haben. Achten Sie während des gesamten Flechtvorgangs auf die Formgebung. In diesem Fall sollten die Staken nach ca. 5 cm Aufbau etwas stärker nach außen gedrückt werden. Die letzten Zentimeter gehen dann wieder gerade nach oben. Da später ein Henkel angebracht werden soll, müssen auf den letzten 5 cm Platzmacherhölzchen gegenüberliegend an den Schmalseiten des Korbes angebracht werden, um das spätere Einsetzen des Henkels zu erleichtern (siehe auch „Verstärkter Henkel", S. 27).
Rand: Dieser wird als Dreierzuschlag gearbeitet (siehe S. 32).
Henkel: Entfernen Sie die Platzmacher. Setzen Sie dafür die 2 Stangenpeddigstäbe in die entstandenen Lücken ein. Ein Anspitzen der Enden erleichtert die Arbeit. Es entsteht ein Henkelbogen von Schmalseite zu Schmalseite des Korbes. Nehmen Sie ein meterlanges Stück Flachband, und schieben Sie es auf einer Seite ebenfalls in die Lücke für die Henkelstäbe. Das Flachband liegt jetzt auf den beiden Henkelstangen und wird beim Umwickeln als Zierfaden mitgeführt. Beginnen Sie auf der eben genannten Seite mit einem Flachbandfaden, den Henkel zu umwickeln. Der Zierfaden wird einige Runden mit eingewickelt, bleibt dann beispielsweise vier Runden obenauf liegen, wird wieder ein Stück eingewickelt usw. Sie können hier selbst einen Rhythmus finden oder sich nach unserem Vorschlag richten.

Korb mit außen liegenden Randstaken

Maße
Boden 20 cm ⌀
Höhe 25 cm

Materialverbrauch
- 170 g Peddigrohr, 2 mm ⌀
- Stakenmaterial (naturhell und geräuchert), 3 mm ⌀

Schwierigkeitsgrad: mittel
Zeitaufwand: ca. 4 Stunden

Abb. 40

Arbeitsschritte

Boden: Schneiden Sie 8 Staken mit einer jeweiligen Länge von 25 cm zu, und verbinden Sie diese zu einem Bodenkreuz (siehe S. 23, Abb. 24.1). Anschließend arbeiten Sie im Zweiergeflecht bis zu einem Durchmesser von 20 cm. Die überstehenden Stakenreste werden knappkantig abgeschnitten.

Aufbau: Setzen Sie an jede Bodenstake je zwei naturhelle und eine geräucherte Stake (Länge jeweils 60 cm), sodass jeweils 3er Gruppen entstehen. Diese Stakengruppen bleiben auch beim anschließenden Aufbau im Zweiergeflecht zusammen. Der Korb wird gerade nach oben geflochten. Nach ca. 20 cm endet das Aufbaugeflecht.

Rand: Biegen Sie die Stakengruppen im Rhythmus hinter eins nach vorn unten. Zum Ausrichten werden jetzt die Staken am Fuß des Korbes mit einem Flechtfaden angeheftet.

Fuß: Drehen Sie den Korb so, dass der Boden und die umgebogenen Staken nach oben zeigen. Der Fuß wird im Rhythmus vor eins, hinter eins geflochten.

Präsentkorb

Maße
Holzboden 13 x 27 cm (41 Löcher)
Höhe 15 cm ohne Henkel
Rand 16 x 30 cm

Materialverbrauch
- 160 g Peddigrohrflachband (dunkel), 5 mm breit
- Stakenmaterial (hell und dunkel), 3 mm ⌀
- Stangenpeddig für den Henkel, 4 oder 6 mm ⌀
- Platzmacher

Schwierigkeitsgrad: mittel
Zeitaufwand: ca. 5 Stunden

Arbeitsschritte
Boden: Schneiden Sie 41 dunkle Staken mit einer jeweiligen Länge von 45 cm zu. Flechten Sie nach dem Einsetzen der Staken einen doppelten Fuß (siehe S. 16).

Aufbau: Flechten Sie aus 2 mm Flechtfaden eine Kimme (Dreiergeflecht eine Runde). Danach arbeiten Sie mit dunklem Flachband den Aufbau im Einergeflecht. Nach ca. 10 cm Flechthöhe werden für den Henkel Platzmacher an den beiden Schmalseiten des Korbes eingesetzt (siehe auch „Verstärkter Griff", S. 26). Weiterhin beginnen Sie jetzt auf einer Seite mit einer Überhöhung (siehe auch „Aufarbeiten und Überhöhen", S. 21), sodass die Korbhöhe auf der vorderen Längsseite 10 cm und hinten 15 cm beträgt. Dazu löst man die Flechtrunde auf und arbeitet stattdessen in Hin- und Herreihen (siehe Abb. 41).

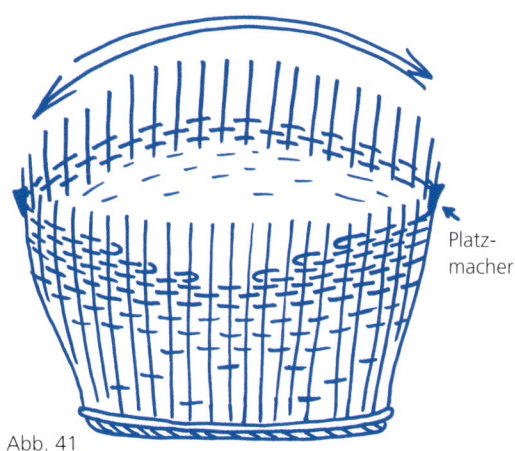

Platzmacher

Abb. 41

Rand: Der Rand wird als einfacher Zopfrand gearbeitet (siehe S. 33). Zur Zierde wird neben jede dunkle Stake eine helle Stake (20 cm lang) gesteckt. Damit erhält man einen zweifarbigen Rand.

Henkel: Die Platzmacher werden entfernt. Stecken Sie nun vier Henkelstücke, je 60 cm lang, in die vorbereiteten Lücken. Umwickeln Sie den Henkel wie unter Abschnitt „Verstärkter Henkel" (S. 27) beschrieben.

Längliche Schale aus Binsen

Maße
Länge 80 cm
Breite 20 cm
Höhe 5 cm

Materialverbrauch
- 200 g Flechtbinsen
- 2 Stäbe Korbrohr oder Stangenpeddig, 8 mm Ø
- Bastfaden
- starker Nähfaden

Schwierigkeitsgrad: schwierig
Zeitaufwand: ca. 8 Stunden

Arbeitsschritte
Grundgestell: Nehmen Sie zwei 80 cm lange Stangen, und verbinden Sie die Enden mit einem Bastfaden, wie in Abb. 42.1 ersichtlich. Nun verflechten Sie die Binsenhalme zu einer Matte (siehe Abb. 42.2) mit den Maßen 60 x 25 cm. Die Halmenden bleiben auf allen Seiten der Matte gleichmäßig lang hängen.

Aufbau: Richten Sie jetzt das Grundgestell auf der Matte aus. Die Halmenden an den Breitseiten werden von unten nach oben um das Gestell gewickelt (2 Umschläge) und an der Unterseite der Matte vernäht (siehe Abb. 42.3). So verfahren Sie mit allen Halmenden.
Die Enden der Schmalseite werden unter Einbindung des Gestells in hin- und hergehenden Reihen verwoben, wobei man jeweils einen Binsenfaden von außen nach innen um das Gestell legt und im Rhythmus eins hoch, eins runter die zwischen dem

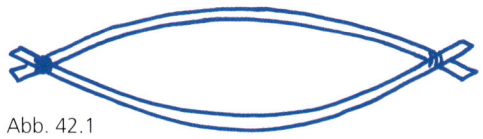

Abb. 42.1

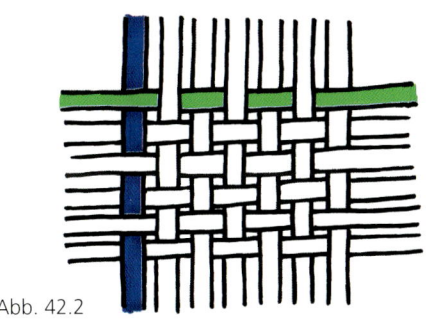

Abb. 42.2

Boden: Flechten Sie aus 6 Binsen (3 x 2) einen Zopf von ca. 40 cm Länge, und binden Sie ihn zu einer Schlaufe zusammen. Diese Schlaufe wird mit einem stärkeren Nähfaden auf der Unterseite der Schale mit Heftstich festgenäht und gibt damit die nötige Standfestigkeit.

Grundgestell liegenden Binsen durchflechtet. Dabei wird in jeder Reihe abwechselnd ein neuer Faden von rechts beziehungsweise links genommen. Die Flechtenden werden wieder auf der Unterseite vernäht. Durch den Größenunterschied von vorgeflochtener Matte und Grundgestell ergibt sich die sanfte Wölbung der Schale.

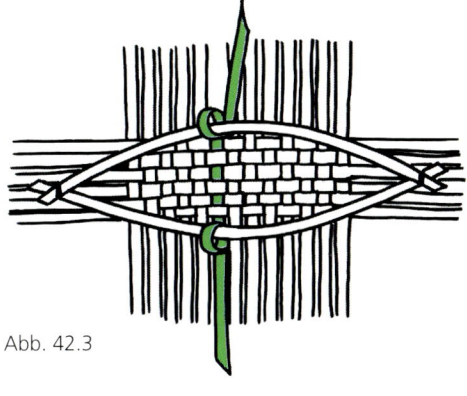

Abb. 42.3

Henkelkörbchen

Maße
Korbrundung an den weitesten Punkten
20 x 25 cm
Höhe mit Henkel 20 cm

Materialverbrauch
- 50 g Peddigrohrflachband, 5 mm breit
- Stakenmaterial, 4 mm Ø; 3 Staken je 65 cm, 4 Staken je 26 cm
- Bastfaden

Schwierigkeitsgrad: mittel
Zeitaufwand: ca. 4 Stunden

Arbeitsschritte
Aufbau: Verbinden Sie 2 Staken (4 mm Ø) zu einem Doppelring. Dazu flachen Sie die Enden mit einem Messer etwas ab und setzen die vier Stakenenden mit einem Bastfaden zu einem Ring zusammen. Die übrig gebliebene Stake wird ebenfalls zu einem Ring verbunden und zwar so, dass sie in den Doppelring passt (siehe Abb. 43.1). Das so

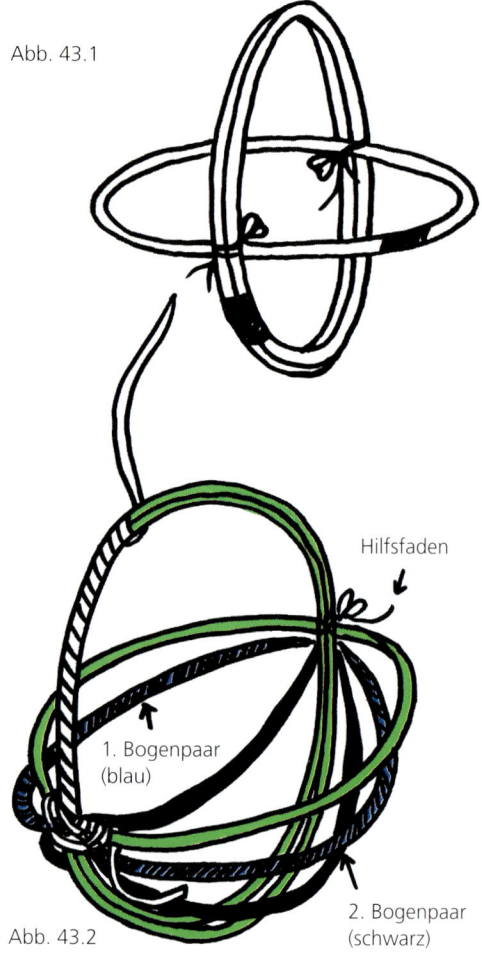

Abb. 43.1

Hilfsfaden

1. Bogenpaar (blau)

Abb. 43.2

2. Bogenpaar (schwarz)

entstandene Bogenkreuz wird mit einem Hilfsfaden an den Kreuzstellen zusammengebunden.
Umwickeln Sie jetzt den Henkel (obere Hälfte des Doppelringes) mit Flachband. Sind Sie am Verbindungskreuz angelangt, arbeiten Sie den Ansatz (siehe Abb. 43.2) im Kreuzgeflecht auf und setzen dabei zwei Staken (Länge je 26 cm) ein. Nach zwei weiteren Runden fügen Sie erneut zwei 26 cm lange Staken ein. Lassen Sie den Ar-

beitsfaden vom Kreuz hängen, und verfahren Sie auf der anderen Seite des Korbes genauso (ohne den Henkel zu umwickeln). Ist hier das Kreuz geflochten, und sind die vier gegenüberliegenden Staken befestigt, führen Sie die Arbeit in hin- und hergehenden Reihen im Einergeflecht fort. Beachten Sie bitte, dass nach jeder horizontalen Umwicklung ein so genannter toter Umgang zu wickeln ist. Biegen Sie zu Beginn des Einergeflechts die beiden Staken des Doppelringes so auf, dass ein zusätzliches Stakenpaar entsteht (siehe Abb. 43.2). Füllen Sie das Bogengerüst bis zur anderen Korbseite auf.

Der hier abgebildete Korb lässt sich nach diesem Prinzip in jeder beliebigen Größe nacharbeiten. Natürlich ist das Material entsprechend in der Stärke anzupassen.

Madeirakorb

Maße
Boden 14 cm ⌀
Höhe 5 cm
Rand 32 cm

Materialverbrauch
✦ 20 g Peddigrohr, 2 mm ⌀
✦ 120 g Stakenmaterial (geräuchert und naturhell), 3 mm ⌀

Schwierigkeitsgrad: schwierig
Zeitaufwand: 4 Stunden

Arbeitsschritte
Boden: Fertigen Sie einen Boden im Zweiergeflecht aus 10 Staken, je 18 cm lang, an. Schneiden Sie die überstehenden Stakenenden ab, und setzen Sie insgesamt 80 Zusatzstaken mit einer Länge von je 45 cm (60 naturhelle und 20 geräucherte) wie folgt ein: Neben jede Bodenstake werden beidseitig je zwei Staken eingefügt (dun-

Abb. 44.1
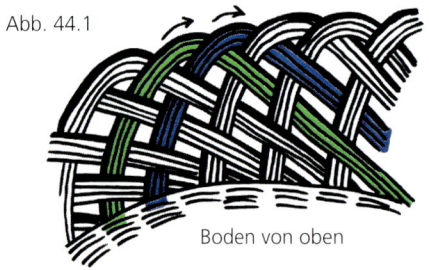
Boden von oben

Rand von unten gesehen

Abb. 44.2

kel/hell/hell/hell). Die entstehende Vierergruppe besteht also aus drei hellen Staken und einer dunklen.
Aufbau: Legen Sie sich die Arbeit mit der Bodenoberseite nach oben auf den Schoß. Die Stakengruppe wird nach rechts gedrückt und im Rhythmus hinter eins, vor

eins mit den anderen Stakengruppen verflochten. Der Strang kommt außen an der Bodenkimme zum Liegen (siehe Abb. 44.1). Die Zahl der Verflechtungen hängt von der Größe des Gegenstandes ab. Bei diesem Beispiel wird mit sechs Überkreuzungen geflochten. Nachdem Sie alle Stakengruppen verflochten haben, können Sie die Arbeit in Form ziehen. Dabei lässt sich auch der Neigungswinkel der Korbwand variieren.

Rand: Drehen Sie den Korb auf die Rückseite, und schlingen Sie jede Stakengruppe nach rechts um die nächste (siehe Abb. 44.2).

Vase

Maße
Bodendurchmesser 10 cm
Höhe 30 cm

Materialverbrauch
- 80 g Peddigrohr, 2 mm Ø
- Stakenmaterial, 3 mm Ø
- Peddigrohrflachband, 5 mm breit
- Glasvase
- Colorbeize, farbloser Lack

Schwierigkeitsgrad: mittel
Zeitaufwand: ca. 4 Stunden

Arbeitsschritte
Boden: Schneiden Sie 6 Staken zu je 90 cm zu, und fertigen Sie ein Bodenkreuz an (siehe S. 23, Abb. 24.1). Flechten Sie einen Boden im Zweiergeflecht bis zu einem Durchmesser von ca. 10 cm (je nach Glasvase).
Aufbau: Biegen Sie die Staken im 90°-Winkel nach oben, und arbeiten Sie eine Kimme (Dreiergeflecht). Flechten Sie 2 oder 3 Runden Zweiergeflecht, und setzen Sie an einer beliebigen Stelle noch eine 40 cm lange Stake ein. Dies ist notwendig, da im späteren Verlauf ein Einergeflecht eingearbeitet werden soll. Nun wird die Glasvase in das vorbereitete Geflecht gestellt. Beim weiteren Flechten muss der Flechtfaden so straff gezogen werden, dass das Geflecht eng an der Glasvase anliegt.
Bei diesem Stück wird folgender Aufbau gearbeitet:
- 4 cm Zweiergeflecht
- 6 cm Einergeflecht mit doppeltem Flechtfaden
- 2 cm Zweiergeflecht
- 1 Runde Zweiergeflecht mit Flachband
- 1 cm Zweiergeflecht
- 1 Runde Dreiergeflecht mit Flachband
- 1 cm Zweiergeflecht
- 1 Runde Zweiergeflecht mit Flachband
- 2 cm Zweiergeflecht
- 6 cm Einergeflecht mit doppeltem Faden
- verbleibende Höhe im Zweiergeflecht

Rand: Hierfür wird ein einfacher Randabschluss gearbeitet (siehe S. 30).
Die Vase wird nach Fertigstellung des Geflechts mit einer grünen Colorbeize behandelt und abschließend farblos lackiert.

Tasche

Maße
Bodenbreite 8 cm
Höhe 30 cm
Taschenbreite 45 cm

Materialbedarf
- 30 g Peddigrohr, 2 mm Ø
- Stakenmaterial, 3 mm Ø
- Ehla natur (gedrehte Seegrasschnur)
- Naturlederreste
- 2 Lederflachband, 2 mm, natur
- Lochzange, 2 mm Ø
- Bastelleim

Schwierigkeitsgrad: schwierig
Zeitbedarf: ca. 8 Stunden

Arbeitsschritte
Boden: Schneiden Sie 5 Staken mit 110 cm Länge und 18 Staken mit 75 cm Länge zu. Fertigen Sie damit einen längsovalen Boden im Einergeflecht mit doppeltem Faden (siehe S. 25) an. Setzen Sie dazu nach der ersten Flechtrunde noch eine Zusatzstake mit 65 cm Länge ein.
Aufbau: Biegen Sie alle Staken im 90°-Winkel nach oben, und arbeiten Sie eine Runde Kimme. Jetzt folgen ca. 4 cm Zweiergeflecht mit Peddigrohr (2 mm Ø). Man kann zur Auflockerung nach 2 cm eine entgegengesetzte Runde flechten, das ergibt dann eine Reihe Fischgrätmuster. Jetzt arbeiten Sie mit der Ehlaschnur weiter. Diese Grasschnur ist in meterlangen Lagen erhältlich, sodass selten angesetzt werden muss. Die Tasche wird mit dieser Schnur im Zweiergeflecht bis zu einer Höhe von 30 cm geflochten.
Rand: Schließen Sie mit einem einfachen Rand ab (siehe „Einfacher Randabschluss", S. 30).

Henkel und Verschluss: Flechten Sie aus der Ehlaschnur zwei Zöpfe in gewünschter Henkellänge (ca. 50 cm). Die Enden werden mit Jutefaden straff umwickelt. Schneiden Sie aus Lederresten vier Taschenhenkelteile und einen Knopf zu (siehe Abb. 45.1). Die vier Teile werden mit einer Lochzange gelocht. Mit Bastelleim wird jedes Taschenhenkelteil mit einem Henkelende verklebt. Nähen Sie die Henkel mit Lederflachband auf der Tasche fest. Das Lederstück für den Knopf wird aufgerollt, gelocht und an geeigneter Stelle durch das Geflecht gesteckt. Verknoten Sie ihn auf der Tascheninnenseite (siehe Abb. 45.2). Auf der gegenüberliegenden Taschenseite verknoten Sie ein Stück Ehlaschnur als Verschlussschlaufe.

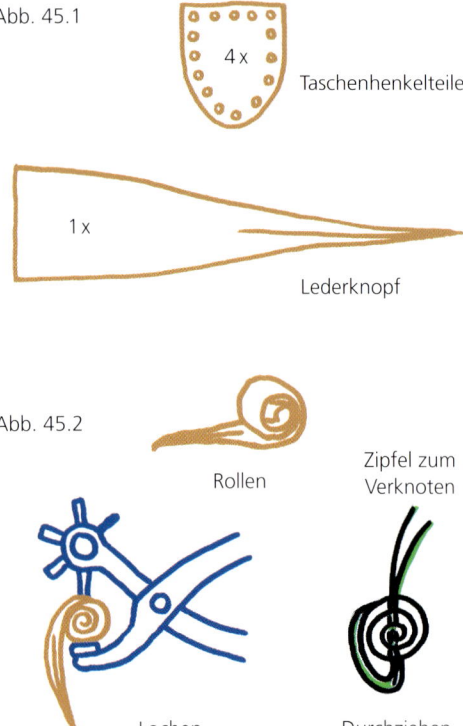

Abb. 45.1
4x Taschenhenkelteile
1x Lederknopf

Abb. 45.2
Rollen
Lochen
Zipfel zum Verknoten
Durchziehen

Dekorationskugel

Maße
ca. 20 cm ⌀

Materialverbrauch
- ca. 90 g Peddigrohr, 3 mm ⌀
- Luftballon (Hilfsmittel)
- Hilfsfaden aus Bast oder Paketschnur
- Juteschleife, floristische Naturmaterialien, Holzteile u. ä. zur Dekoration
- Heißklebepistole oder Myrtendraht

Schwierigkeitsgrad: einfach
Zeitaufwand: ca. 1 Stunde

Arbeitsschritte
Blasen Sie den Luftballon in der gewünschten Größe auf, und verschließen Sie ihn mit einem Knoten. Legen Sie einen Hilfsfaden aus Bast oder Paketschnur bereit. Nun nehmen Sie einen Flechtfaden aus Peddigrohr und umwickeln den Luftballon in der senkrechten Ebene. Achten Sie darauf, dass Anfang und Ende des Flechtfadens am Ballonzipfel enden. Jetzt können Sie den Bastfaden mit Zipfel und Flechtenden verknoten, es wird damit eine gewisse Anfangsstabilität erreicht. Arbeiten Sie mit Flechtfäden weiter. Hierbei ist zu beachten, dass Sie bereits bestehende Flechtrunden im Wechsel darüber beziehungsweise darunter kreuzen. Es kommt weniger auf eine strikte Einhaltung der Flechtfolge als darauf an, eine Stabilität zu erreichen, die den Luftballon überflüssig macht. Haben Sie die gewünschte Wandstärke erreicht, können die Peddigrohrenden in Nähe des Ballonzipfels mit dem Hilfsfaden verknotet werden. Es bietet sich an, hier später die Dekoration anzubringen. Dafür geeignet sind Juteschleifen, floristische Naturmaterialien, Holzteile und Ähnliches. Zum Fixieren verwendet man am besten eine Heißklebepistole oder Myrtendraht.

Lampe

Maße
Rand 35 cm Ø
Höhe 23 cm

Materialverbrauch
- 125 g Peddigrohr (dunkel), 2 mm Ø
- Stakenmaterial (dunkel), 3 mm Ø, 8 Staken je 90 cm lang
- Peddigrohrflachband (hell), 5 mm breit
- Lampenfassung

Schwierigkeitsgrad: mittel
Zeitaufwand: ca. 5 Stunden

Arbeitsschritte
Aufbau: Beginnen Sie mit dem Stakenkreuz, wie auf der Abb. 46 zu sehen. Einerseits ist es wichtig, ausreichend Platz für die Lampenfassung zu lassen, andererseits sollte die Öffnung aber nicht zu groß sein, um ein Durchrutschen zu verhindern. Probieren Sie es aus.

Da es bei der Lampe keinen Boden gibt, beginnen Sie gleich mit leichtem Schwung nach oben zu arbeiten. Nach 5 cm Zweiergeflecht wenden Sie die Arbeit und flechten von außen eine Runde Einergeflecht mit doppeltem Faden.

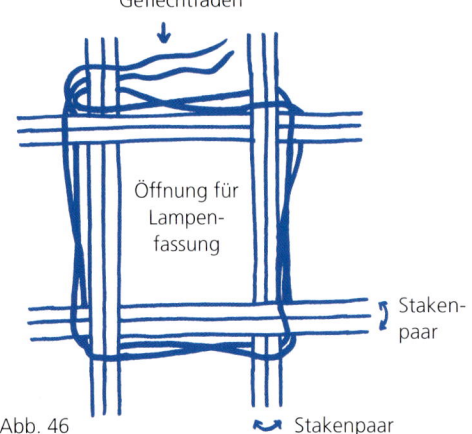

Abb. 46

Flechtverlauf:
- 4 cm Zweiergeflecht
- 1 cm Lücke
- 2 separat geflochtene Runden Einerge-

flecht mit naturhellem Flachband (bei gerader Stakenzahl muss Einergeflecht in jeder Runde neu angesetzt werden, Ansatz siehe Abb. 21, S. 21)
✦ 2 cm Zweiergeflecht
✦ 1 cm Lücke
✦ 3 cm Zweiergeflecht
✦ 2 separate Runden Einergeflecht mit hellem Flachband
✦ 2 cm Zweiergeflecht

Rand: Der Randabschluss wird mit kreuzenden Bögen gearbeitet (siehe Abb. 32, S. 30).

Papierkorb

Maße
Grundfläche 22 x 22 cm
Höhe 25 cm

Materialverbrauch
150 g Peddigrohrflachband, 5 mm breit
100 g Stakenmaterial, 6 mm Ø
Peddigrohr, 4 mm Ø für die Kimme

Schwierigkeitsgrad: schwierig
Zeitaufwand: ca. 10 Stunden

Arbeitsschritte
Boden: Legen Sie sich 14 + 19 Stakenpaare, je 80 cm lang, zurecht, und flechten Sie den Boden im Schachbrettmuster (siehe Abb. 18, S. 19/20).
Aufbau: Biegen Sie die Staken um 90° nach oben (vorher gut einweichen), und flechten Sie mit Peddigrohr eine Kimme (siehe S. 19). Flechten Sie drei separate Reihen im Schachbrettmuster, wobei jede Reihe entgegengesetzt zur vorangegangenen geflochten wird. Da man beim Schachbrettmuster Längs- und Querstake benötigt, lässt man auf der Innenseite des Korbes eine Peddigstake im Durchmesser 4 mm mitlaufen. Das dabei hinter jeder Längsstake entstehende Kreuz wird jeweils diagonal mit Flachband umwickelt (siehe auch Abb. 18, S. 20). Nach den drei beschriebenen Reihen flechten Sie 18 cm Einergeflecht mit Flachband. Dazu setzen Sie in einer Ecke noch eine 20 cm lange Stake ein, um eine ungerade Stakenzahl zu erreichen. Jetzt folgen wieder vier Reihen Schachbrettmuster.
Rand: Die Staken werden knappkantig am Geflechtende abgeschnitten. Nehmen Sie einen Flachbandfaden, und umwickeln Sie die Randzone schräg mit einfachen Umgängen. Wiederholen Sie das Ganze schräglaufend in die andere Richtung, wobei Sie hier eine Reihe tiefer durch das Geflecht stechen, um die Festigkeit zu erhöhen.
Durch den Einsatz von starkem Material ist dieser Papierkorb äußerst formstabil.

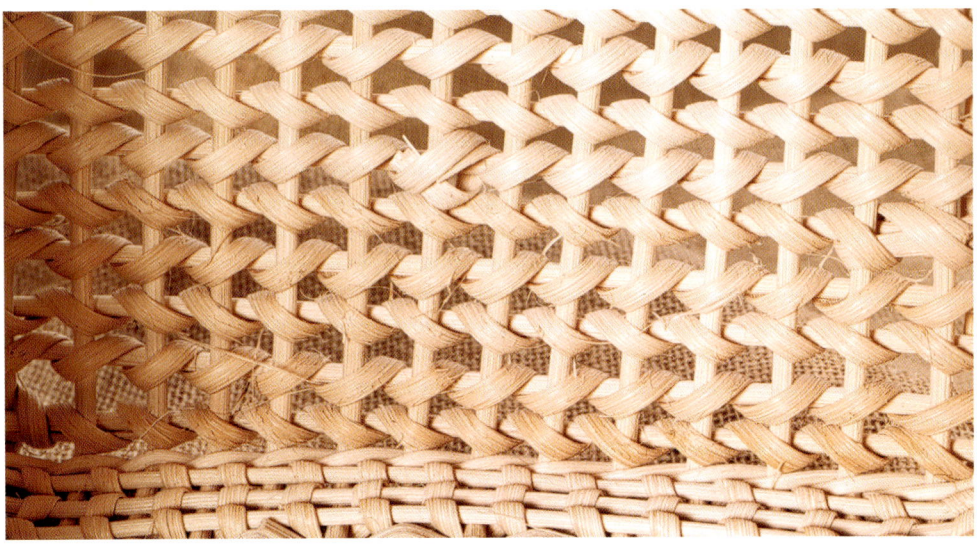

Stuhl

Ines Hesse
☎ 030-9290749 / 0163-5623070
Warnitzer Straße 29, 13057 Berlin

Maße
individuell nach Stuhlgröße

Materialverbrauch
✦ 200 g Stuhlflechtrohr, 3 mm Ø (Sitzfläche)
✦ Holzstifte zum Festkeilen des Geflechts
✦ Haltekeile aus Plastik
✦ Patina, braun (bei Bedarf)
✦ Holzstab als Führungshilfe, 40 cm lang, 2 x 5 mm stark

Schwierigkeitsgrad: schwierig
Zeitaufwand: ca. 19 Stunden

Arbeitsschritte

1. Weichen Sie das Stuhlflechtrohr gut in warmem Wasser ein. Im Gegensatz zu normalem Peddigrohrflachband ist Stuhlflechtrohr fester, etwas spröder und hat eine glänzende glatte und leicht gewölbte Oberseite.

2. Legen Sie sich die Plastikhaltekeile bereit. Stecken Sie zwei Flechtfäden in das zweite Loch einer beliebigen Seite, und keilen Sie die Fäden fest. Die vier Ecklöcher bleiben für die späteren Diagonaldurchgänge frei. Führen Sie die beiden Fäden von oben in das Loch auf der gegenüberliegenden Stuhlseite, kommen Sie im nebenliegenden Loch wieder nach oben, und gehen Sie abermals zur Gegenseite. Dieser Rhythmus wird immer wiederholt (siehe Abb. 47.1). Ein zu Ende gegangener Faden bleibt auf der Unterseite des Stuhls hängen und wird vorerst mit einem Haltekeil festgehalten.

3. Führen Sie zwei Flechtfäden in das zweite Loch einer noch freien Seite, und flechten Sie jeden Faden separat im Wechsel hoch/runter zur Gegenseite (siehe Abb. 47.2).

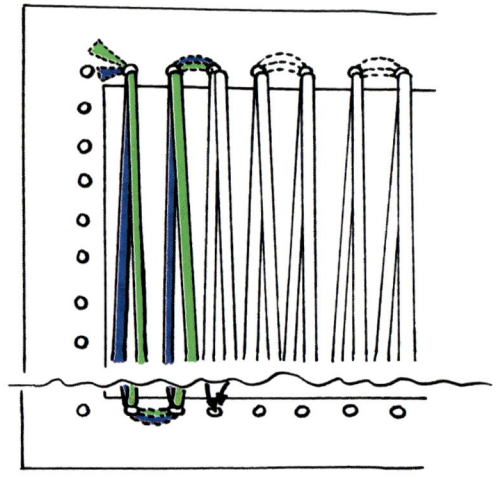
Abb. 47.1

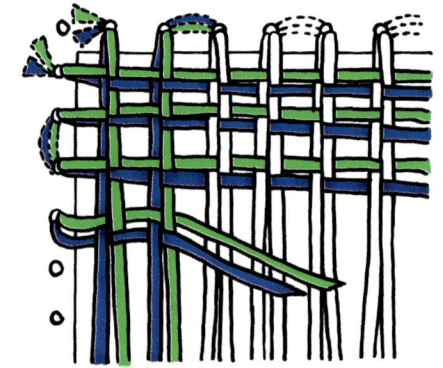
Abb. 47.2

Abb. 47.3

Dort werden wieder beide Fäden ins gleiche Loch geführt. Ähnlich dem ersten Arbeitsgang arbeiten Sie fortlaufend bis zum Reihenende. Da das gesamte Geflecht relativ straff gearbeitet werden sollte, fällt es mit Fortschreiten der Arbeit immer schwerer, die Fäden hoch und runter zu drücken. Hier hat sich als Hilfsmittel ein Holzstab als Führungshilfe bewährt. Folgen Sie dem Muster zuerst mit dem Holzstab. Die so entstandene Lücke reicht aus, um den Flechtfaden nachzuschieben.

4. Beginnen Sie mit den Diagonalfäden. Man benötigt hierzu einen Flechtfaden. In einem Eckloch beginnend arbeiten Sie nach Abb. 47.3. Ziehen Sie den Arbeitsfaden in jeder Reihe mehrmals straff, am besten nach jedem Durchfädeln. Das Geflecht ist inzwischen so fest, dass ein reihenweises Straffziehen nicht mehr zum Erfolg führt. Bricht Ihnen ein Flechtfaden in einer Reihe durch, so wird diese wieder aufgetrennt.

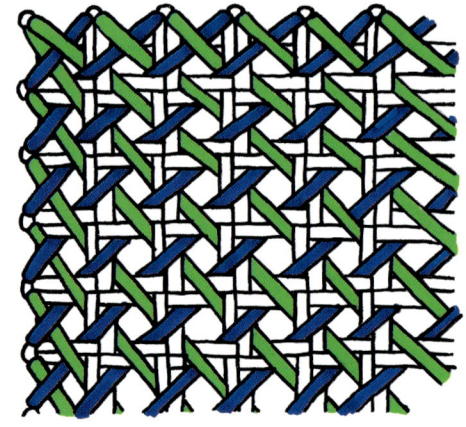

Abb. 47.4

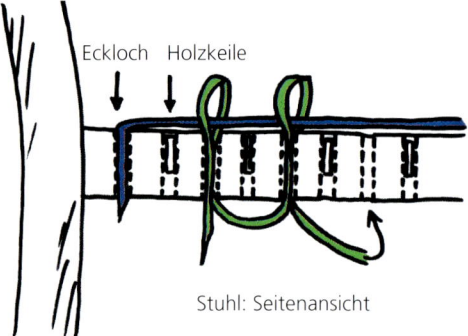

Abb. 47.5

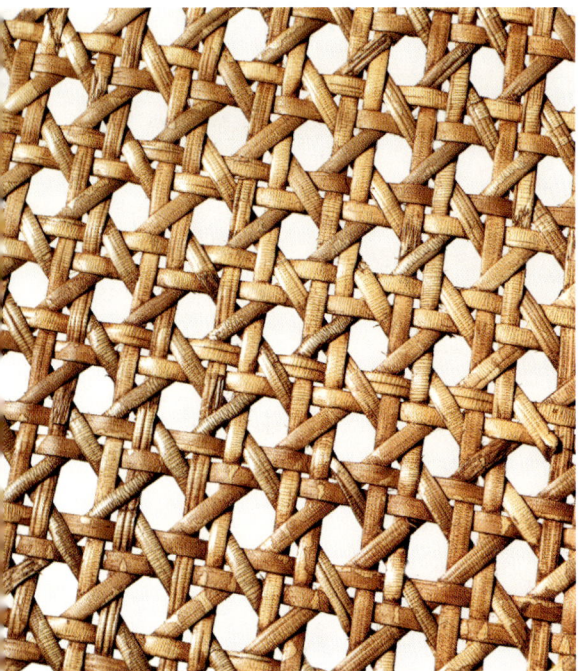

Am entsprechenden Randloch kann ein neuer Faden festgekeilt werden.

5. Die entgegengesetzte Diagonale wird wie auf Abb. 47.4 ersichtlich in gleicher Weise geflochten.

6. Rand: Die Ecklöcher bleiben frei. In jedes zweite Loch schieben Sie einen Holzkeil, bis er bündig mit der Holzfläche abschließt. Aus einem Eckloch wird ein Faden von unten nach oben geführt (Plastikhaltekeil setzen). Dieser Faden läuft über alle Holzbohrungen einer Stuhlseite. Von unten wird nun ein Flechtfaden durch die nicht verkeilten Löcher nach oben geführt, der den obenlaufenden Faden umschlingt und durch das selbe Loch wieder nach unten gezogen wird (siehe Abb. 47.5). Verfahren Sie mit allen vier Seiten auf diese Weise. Zum Schluss wird in jedem Eckloch ein Holzkeil festgesteckt, bis der Keil nicht mehr zu sehen ist.

Tipp: Das handelsübliche Stuhlflechtrohr ist naturhell. Möchten Sie ein altes Geflecht nur ausbessern oder nur die Sitzfläche oder die Lehne flechten, bietet es sich oft an, das neue fertige Geflecht zu patinieren, um ein harmonisches Gesamtbild zu erhalten. Ich verwende eine Antikbeize auf Lösungsmittelbasis. Sie kann mit dem Pinsel oder einem Schwämmchen aufgebracht werden. Nach einer gewissen Trocknungszeit wird mit einem Lappen nachgerieben und so auch der Grad der Einfärbung bestimmt. Die Patina kann mit Terpentin verdünnt werden. Nach dem Trocknen ist sie wasserfest.

Puppenwagen

Maße
Breite 25 cm
Länge 50 cm
Höhe 70 cm (mit Untergestell)

Materialverbrauch
- 300 g Peddigrohr, 2 mm Ø
- 60 g Stakenmaterial, 3 mm Ø
- Stangenpeddig oder Korbrohr, 6–8 mm Ø für die Haube
- Peddigrohrflachband, 5 mm breit oder Flechtfaden, 2 mm Ø
- Puppenwagenuntergestell für Gr. 45 cm
- Puppenwagenschieber (Griff)
- 2 Verdeckbügelhalter
- Dekoband
- Nägel

Schwierigkeitsgrad: schwierig
Zeitaufwand: ca. 18 Stunden

Arbeitsschritte
Boden: Schneiden Sie für den ovalen Boden 3 Staken mit der Länge 100 cm und 6 Staken mit der Länge 80 cm zu, und fertigen Sie damit den Boden (siehe auch S. 25) im Zweiergeflecht an. Haben Sie eine Bodenbreite von ca. 15 cm erreicht, setzen Sie auf beiden Breitseiten neben jede Stake eine Zusatzstake von 40 cm und neben jede Stake der Schmalseiten 2 Zusatzstaken von 40 cm Länge (insgesamt 24 Zusatzstaken). Nach 20 cm Bodenbreite beginnen Sie, die Staken allmählich nach oben zu biegen, um den Aufbau zu beginnen.

Aufbau: Flechten Sie 7 cm im Zweiergeflecht gerade nach oben. Jetzt werden je 2 Staken miteinander verkreuzt (siehe Abb. 48.1) und nach 4 cm Durchbruch im Zweiergeflecht weitergearbeitet. Die entstandene Lücke kann entweder verbleiben oder mit einem dekorativen Band durchwebt werden. Haben Sie eine Gesamthöhe von ca. 16 cm erreicht, flechten Sie den Rand. Benutzt man das Zweiergeflecht, um bei durchbrochenen Korbteilen die Staken zu fixieren, nennt man das Geflecht Fitze.

Rand: Dieser wird im einfachen Randabschluss gearbeitet (siehe S. 30). Sollten Sie sich für einen anderen Rand entscheiden, ist zu beachten, dass wulstige breite Ränder später das Herunterklappen des Wagenverdecks erschweren.

Wagenverdeck: Sie benötigen gut eingeweichte Peddigstäbe (6–8 mm Ø) als Grundgerüst, je nach verwendetem Ver-

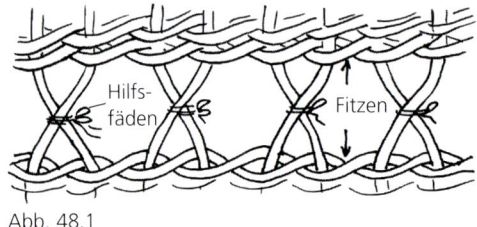

Abb. 48.1

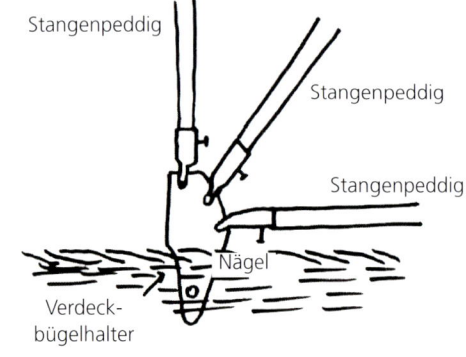

Abb. 48.2

deckbügelhalter drei bis vier Stäbe von ca. 40 cm Länge. Probieren Sie aus, ob der halbrund gebogene Peddigstab knapp die Hälfte des Wagenumfanges umschließt. Für den abgebildeten Wagen werden drei Stäbe in den Verdeckbügelhalter geschoben und angenagelt (siehe Abb. 48.2). Nun setzt man die Arbeitsstaken an die vordere Stange, hierzu wickeln Sie von einer Seite Flachband oder Flechtband so um den Peddigstab, dass alle 3 cm eine Stake mit 3 mm Ø im 90°-Winkel abgeht (siehe Abb. 48.3). Die Stakenlänge variiert stark. Am Rand sollte man ca. 10 cm einplanen, in der Mitte ca. 30 cm. Flechten Sie nun in hin- und hergehenden Runden im Zweiergeflecht, wodurch ein Fischgrätmuster entsteht. Da die Haube halbkuppelförmig aussieht, ist die Flechtbreite in Nähe der Verdeckbügelhalter gering, in der Haubenmitte dagegen

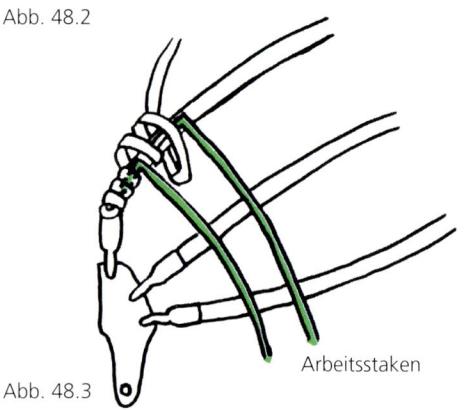

Abb. 48.3

größer. Um diese Unterschiede zu überbrücken, werden zwei sichelförmige Durchbrüche eingearbeitet. Weiterhin muss man im Mittelteil hin und wieder Überhöhungen einarbeiten (siehe S. 21). Haben Sie die erforderliche Breite erreicht, werden die Stakenenden wie zu Beginn der Arbeit in die Peddigstange (letzter Verdeckbügel) eingewickelt. Nun können Sie die Haube am Wagenkorb anschrauben und den gesamten Aufbau am Wagenunterteil befestigen. Natürlich können Sie bei der Dekoration Ihrer Fantasie freien Lauf lassen.

Der hier beschriebene Puppenwagen kann in der entsprechenden Größe mit stärkerem Material auch als Stubenwagen geflochten werden. Im Handel sind entsprechend große Holzuntergestelle erhältlich.

ISBN 3-8241-0737-6
Broschur, 64 Seiten

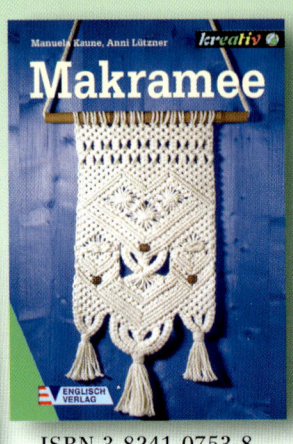

ISBN 3-8241-0753-8
Broschur, 64 Seiten

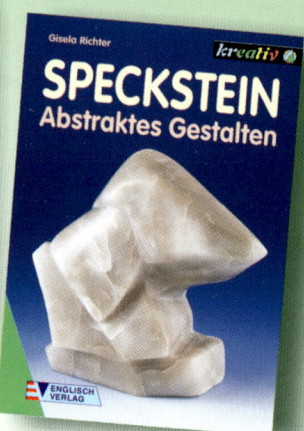

ISBN 3-8241-1134-9
Broschur, 64 Seiten

ISBN 3-8241-1209-4
Broschur, 64 Seiten

ISBN 3-8241-1143-8
Broschur, 64 Seiten

ISBN 3-8241-1117-9
Broschur, 64 Seiten

Lust auf Mehr?

Liebe Leserin, lieber Leser,
natürlich haben wir noch viele andere Bücher im Programm.
Gerne senden wir Ihnen unser Gesamtverzeichnis zu.
Auch auf Ihre Anregungen und Vorschläge sind wir gespannt.
Rufen Sie uns einfach an oder schreiben Sie uns.

Englisch Verlag GmbH
Postfach 2309 · 65013 Wiesbaden
Telefon 06 11/9 42 72-0 · Telefax 06 11/9 42 72 30
E-Mail info@englisch-verlag.de
Internet http://www.englisch-verlag.de